謹以此書
獻給至愛的姐弟妹

文學叢刊之一二三

長城根下騎駱駝

鮑曉暉 著

文史哲出版社 印行

國家圖書館出版品預行編目資料

長城根下騎駱駝 / 鮑曉暉著. -- 初版. -- 臺北市
：文史哲,民: 90
面 ； 公分. -- (文學叢刊 ; 123)
ISBN 957-549-370-2 (平裝)

855　　90011121

文學叢刊 ⑫③

長城根下騎駱駝

著　者：鮑　曉　暉
出版者：文　史　哲　出　版　社
登記證字號：行政院新聞局版臺業字五三三七號
發行人：彭　正　雄
發行所：文　史　哲　出　版　社
印刷者：文　史　哲　出　版　社
臺北市羅斯福路一段七十二巷四號
郵政劃撥帳號：一六一八〇一七五
電話 886-2-23511028・傳真 886-2-23965656

實價新臺幣二四〇元

中華民國九十年六月初版

ISBN 957-549-370-2

序

「長城根下騎駱駝」是我在國語日報少年版的專欄「故國情懷」的一系列文章。七十六年政府開放大陸探親，探親熱潮風起雲湧，原籍遼寧瀋陽的我，就跟著這股浪潮回去「探親」。

當時「少年版」的主編余玉英女士，得知我回去探親又觀光，就給我這個專欄，每週一篇。她的構想是，希望藉這個專欄介紹一直披著神祕面紗，自閉封鎖的大陸中國的面貌，讓少年朋友能從中認識大陸。因此我用散文報導方式來寫這些一系列的文章。

其中所記錄的，除了我去過的地方風光景色，大陸今昔的變貌，還有我探親的心路歷程。時間的河流會改變一切，但文字的傳記也是歷史的記載，我以「白頭宮女話當年」「留予他年說夢痕」的心情出版這本書。

中華民國九十年五月
鮑曉暉於景美城鄉居

長城根下騎駱駝　目錄

第一輯　長城根下騎駱駝

第二輯 松花江畔好風光

第三輯　外匯券的魅力

第四輯　夢幻之旅

第一輯　長城根下騎駱駝

作者攝於北京城外盧溝橋頭

「北京」見聞

也是鄉音

在飛往北平的民航機上，空中小姐就滿口「北京、北京」的，聽在耳中有些陌生感；多年來，我習慣了稱「北平」。

其實無論是「北平」或「北京」，對我都是陌生的。

「北平」在我最初記憶中的影像是石板路，駱駝隊。那年我六歲吧？是個剛從關外來的小土包子，一大早偷偷爬起來，自己一個人站在客棧（旅館）門前「賣呆（看熱鬧之意）」。看著看著，一隊駱駝馱著煤簍，一步一步慢騰騰的，由遠而近，又走遠。打頭的那條駱駝脖子上掛了銅鈴，腳踏著石板路，鈴聲叮噹，蹄聲的噠，我看呆了，因爲我第一次看到駱駝。

再一次，時空跳到十二年後。在蟬鳴的七月，在北大沙灘的校舍裡，我參加勝利後全國第一次大專聯考。當時的情景，隨著歲月的流逝已忘記。但：「您哪住那兒哪？」「您哪吃兒了嗎？」「甭見外！」的北平姑娘清脆的京片子，每一憶及仍在耳畔迴盪。因爲我那個考場，清一色是女生，「北京的姑娘」佔大多數，考場內的京片子時時可聞。

現在，聽空中小姐滿口清脆的「北京、北京」，也算是鄉音吧。

深夜巡禮北京城

飛機抵達北京是深夜廿二點五十分。

機場大廳很冷清，建築簡陋，也很舊，但很大。

據說當地各機關人員都奉有上級命令「優待探親臺胞」，機場人員也不例外。過海關時，工作人員以犀利的經驗眼光一看，就看出我們兩個推著四隻大皮箱的人，是「臺胞」，立刻客氣的讓到「優先關口」。優待項目：不開箱檢查，看臺胞證。

機場也有接客室的大玻璃窗，是心有靈犀一點通，抑是心電感應？當我的眼光在玻璃窗外衆多人叢中搜尋時，看到一個人影，臉上的目光在幽暗的電燈光下急切的張望著，我直覺的肯定那就是大弟。分別快四十年，昨天在香港和他通話，第一次才聽到他的聲音。我向那個人揮揮手，他也揮手。

眞奇怪，我們分別時，他還是個十七歲的楞小子，我是青春少女。而今我青絲已兩鬢斑、朱顏改。他由楞小子已變成深沈的中年人，我們還認識。

出了機場，坐在旅館來接的旅行車裡；和他並排緊靠著坐，有著既陌生又親切的感覺。從見面，我們沒有擁抱流淚的重逢場面，只是像老朋友般談旅館的事。

車在北京的夜的街道上奔駛。

看看這有十個座位的小旅行車裡，坐滿了人。都是觀光客？探親的？還是當地來北京出差的官兒？我猜測。

後來才知道，一車的人全是「黃魚」，搭便車的，我和外子才是這家旅館唯一的客人，司機趁機賺外快，一路上一個一個的送到不同的地方。於是，我和外子被載著「遊車河」，巡視北京，在深夜做「北京城巡禮」。

車離開機場大廈，駛入幽暗的路上，望向車窗外，路兩旁是成排的，密匝匝的高樹。車是走在樹木夾道的路上，前面一望無盡頭，筆直的路。行行重行行，沒有路燈，藉著上弦月的月光看著，很壯觀，很美，是淒涼的美。

「這是不是從前的南苑機場？」外子以識途老馬的口吻問。

「遠著哪，南苑已成軍事機場了，這是新建的北京國際機場。」誰說鄉音不易改？大弟也是滿口的京片子了。他離開東北也快四十年，很少回去。

車穿出樹木夾道的路，到了市區大街上。

馬路寬敞平坦，路樹茂密，路燈嶄亮，路上濕轆轆，彷彿是小雨初歇，後來大弟告訴我們，那是灑的水。北平正苦旱。

「不錯嘛！沒想到！」我說。

在我想像中的北京城，應該是「無風三尺土，有雨一街泥」的老舊街道，屋矮房舊。怎料眼前是大馬路，高樓不少。走過一處圓環，圓環中間樹立一個龐大看板，上面是簡體字「綠化我們的環境、美化我們的都市」。

「這一帶是新城，北京現在正積極建設。」大弟告訴我們，原來是樣板建設。

「大漠孤煙直、長河落日圓」大自然遼闊的景色，常會使人有這種孤獨冷漠的美感。車走過一處廣場，那夜有薄霧？還是輕煙？遼闊廣場遠處如宮殿的建築物籠罩在霧氣氤氳中，在寂靜杳無人影的夜裡，有著朦朧淒涼的美，使我想起這兩句詩。

「這是天安門。」大弟輕描淡寫的介紹。

「啊！」我坐直身子，睜大眼睛，盯住在遠處隨著車行移動的那座宮殿式建築。天安門，早已如雷貫耳，沒想到在這個深夜裡第一次打了照面。

這座中國歷史上明清兩朝的皇城正門，靜靜的聳立在夜霧中耀眼的燈光環繞下，巍峨莊嚴。

「天安門？改建過吧？從前只是個高高的老舊城門樓子嘛！」外子初中時就隻身在北平求學：「唸書時我天天經過。」

「不僅天安門，這一帶都改建過，很多皇牆、牌樓，在文化大革命時就被破壞了，現在都看不見啦！」大弟口吻也有著不勝感慨。

車子過了天安門，走上舊城大街，我看到土牆、矮房、小胡同。北京的舊城，依然是舊時風貌。

天安門前的人蟻

到北京，總得抽空去見識一下「天安門」廣場。

「天安門裡面，從來不准閒雜人進去的，今年一月正式開放，供百姓和觀光客參觀，這是百年來的創舉，要去看看。」第二天，二弟自願任嚮導。

天安門位於北京市區的中心，周圍佔地有四十萬平方米，廣場上可容五十萬人舉行集會。白天天安門廣場上的盛景之一是「人蟻」；如果爬上天安門上的城樓，站在樓廊前憑欄往下面遠眺，廣場上的人群，就如傾巢而出的螞蟻般四處流竄蠕動。我們去參觀那天不是星期假日，遊人如此的多，可見大陸人口壓力之大。同時我也感到他們失業率的程度，在不是放假的工作日子中，卻有如許多的人有閒情逸致出來閒逛，讓我這來自工作緊張生活忙碌社會裡的人，有遊手好閒的感覺。

奇怪地，這些人散得也快。當我們登車賦歸時，車子再一次經過廣場附近，遊人都列隊往廣場外走，有穿草綠制服掛紅肩童的警察冒出來維持秩序。

「大概不知那位國外大人物來看毛澤東，這是清場。」二弟說話常有諷刺味。

「還很有封建味嘛！」我脫口而出。

「市長出來，座車前後都有嗶嗶車的。」

「做什麼？」

「開道嘛！」

「挺神氣嘛，我們的市長座車，沒有如此威風，遇上交通堵塞時可照樣嘗塞車滋味。」

「開道」，我回味二弟的語氣，發出會心的微笑。

王府井大街的風貌

到親戚家吃飯，親戚家住在燈市口，離王府井大街很近。據說這條街現在是北京的商業中心，很熱鬧。

小時也聽老北平的長輩說過「王府井大街」的種種。王府井大街在我心目中一直是代表北平傳統的繁華高貴風貌；想當年民初時節，在其上穿梭的多是衣香鬢影的貴婦，西裝長袍的名士官兒。我懷著孺慕之情先到王府井大街蹓躂蹓躂。

坐了一〇二路的摩電車，車子走過現代化的市區，駛進古老的街道，路越來越窄，現代高樓不見，昔日古香古色古意盎然的樓房舊舍出現：「王府井大飯店」「王府井家具店」「王府井郵電局」「王府井食品店」，當我們看到這些市招時，知道王府井大街到了。

「王府井大街還是老樣子嗎？」我問坐在身旁的外子，他正楞楞地，以陌生的眼光看車窗外他在少年時常來的地方。

「好像是一樣，街道的樹還一樣……。」他囁囁地。

他讀中學時距今怕有五十餘年了吧？半個世紀，歲月的風雨也會把一塊磐石浸蝕得班剝，何況建築。

王府井大街沒有改建，古街、古屋、古店，連那黑漆漆底，描金字的門楣市招上，都有清乾隆的字眼兒——百年老店。

街上熙攘往來的，不是衣香鬢影的貴婦、西裝長袍的有錢人，全是市井小民。夏天卅八度的北京城，內陸氣候乾熱，男人晒得臉孔紅通通，把襯衫的扣子打開，露著汗衫涼快涼快。女人沒有撐傘的習慣，腳上都穿著短襪套，掀起裙子抖著搧著。走累了，席地而坐。熱渴了買根冰棒吃，路旁樹下坐滿歇腿吃冰棒的男女老幼。遇到幾個老外手舉著冰棒也吃得津津有味，入境隨俗吧？因爲路邊找不到冷飲或咖啡廳之類的店，大家只好吃路邊攤的冰棒了。

現在的北京人，反璞歸眞，坐在大庭廣衆的馬路旁，坐相吃相都「拙樸」「憨厚」得自由。昔日典雅高貴的王府井大街已消失，只有那二三家「中國絲綢店」「珠寶翠玉收購店」還遺留些許讓人幽思昔日王府井大街的風貌。

坐車難　吃飯難　打電話難

在北京天天在外面跑，發現北京有三難。

乘車難。憑良心說，北平的交通很方便；公車四通八達，舊城路線還有摩電車，和小型公車。其中摩電車因受電纜設置限制，路線有限。小型公車最方便，只要在它行駛的路線上，可以隨時上下，所以又叫「招手即來車」，而且無遠弗屆，近至舊城新社區，遠至郊區頤和園，班次也很多。可惜從早到晚，班班車都客滿，不但上下車要費九牛二虎之力，還要做沙丁魚。坐計程車，更是難得一見。因爲北京的計程車都是公營，司機拉夠規定的錢數就可以交車休息。又流行包車，包一輛計程車，從早上八點到下午四點，人民幣九十四元，觀光客「早包一輛計程車到故宮博物院、北海公園，或動物園，乃至頤和園玩一趟，車在外面等，享受私家車的方便。但九十四元人民幣，一個機關的打字員月薪一百元人民幣，所以包計程車是富有觀光客的特權。而北京現在已是滿處好奇的觀光客，計程車成了搶手貨。

吃飯難。口腹之欲是天生的，人們越是文明越是講究吃；不但要吃得飽、吃得好，而且要隨時想吃就有得吃。在我們臺北，很多飯館餐廳啤酒屋是城開不夜，供應的是流水席。在北京，吃餐廳飯館是過時不候，錯過了上頓，只有空腹等下頓了。

北京的餐館營業時間，上午七時半到八時半，中午十二時到二時，晚上五時半到七時半（也有些稍有半個鐘點的彈性）。餐廳服務人員採上下班制，過時，掌杓主廚的大師傅走啦。如果去晚了，或主客飯後微醺留戀不捨散席，服務小姐的晚娘酸面孔就顯出來了，不客氣的還公然下逐客令：「下班啦！您哪請吧！」由於吃飯時間都規定在同一個時段，餐館座上客常滿，想找一席之地得等，或佔座位。

到北京，才知道臺灣電訊的方便。在北京，除了少數特權人家，普通老百姓家裡是無電話可打的，這對日常倚電話爲左右手辦事的人，豈僅不方便，還有遠離塵世之感，舉一例；某晚由所住旅館電話香港，問機票事，由長途台接。晚九時打，午夜一時才接通，卻沒人接。

當然是主人已好夢正甜，聽不見電話鈴響了。

新社區景色

鄧小平搞現代化，先從建設方面著手，這從舊城的外圍，和郊區一叢叢高樓大廈，一條條寬敞的馬路可以看出來。新闢的馬路中間是四線道路面，寬敞平坦。路兩旁是茂密的行道樹，樹後面是自行車行道。路旁再植矮灌木，矮灌木後而是人行道，有座椅，種植花木。

這些地方都有一個特色——靜；不僅棟棟樓前寂無人影，馬路上車少行人少，偶爾有一輛自行車匆匆而過。據說新蓋的高樓雖然漂亮，現代化，但卻不受歡迎。由於限電，上下班才開電梯，年紀大體弱的人爬十幾層高樓吃不消，很多人家寧可住舊居不搬。而大陸上計程車都是公營的，個體戶（私人）車沒有，馬路上車少人稀。只有早晚較熱鬧，早上路兩旁的行人道是市民的運動場；打拳、舞劍、慢跑。傍晚，是老人孩童散步的最佳場所，不必擔心有車子橫衝直撞。

只是，看在我的眼中，總覺不太諧調。現代的新穎高樓，現代化的寬敞馬路，活動在其中的人群是粗服布衣，說得好聽是簡樸，但是透著窮酸氣。

有人說，他們是勒緊了人民的肚皮，先來建設。而我們是人民吃飽了，大家豐衣足食後，行有餘力才談建設，要不，怎麼說，我們一年吃掉一條高速公路呢？

司機的話

在北京，我和丈夫是親友家人眼中的富翁富婆，住著八十元人民幣一天的旅館，我的小妹一個月的薪水才一百元人民幣。

臺幣和人民幣是八與一之比，一個大學教授一個月薪津一百五十元上下。

聽說臺灣家家有電冰箱、彩視機、洗衣機，多數人家還有錄影機，自己的車子、電話，很羨慕，認爲住在臺灣的都是富人。

他們生活水準程度低，日子清苦，有家電的人家鳳毛麟角。但從他們身上看到中國人獨特的個性——堅韌的生命力；他們活過中國歷史上最黑暗的文化大革命時代，不怨天尤人，默默承受。現在生活在僅堪溫飽中，而不改顏回之態。隨遇而安，是中國人面對苦難的力量。

臨行前兒女彷彿我們是回大陸探險，頻頻叮嚀事項。其中之一是：「少開尊口」。

「多聽多看，少發議論，小心禍從口出，回不來。報上就登過一位返鄉老兵發幾句牢騷，被關了幾個月。尤其媽媽不要暴露作家身份，小心他們統戰。」

我進了大陸，嚴守子女叮嚀，絕口不提兩岸的國家大事。然而識與不識，總有很多人以好奇和羨慕的態度殷殷詢問「臺灣諸事」。

而使我至今玩味的是，一次去頤和園，包了一輛計程車，這個計程車司機是個愛講話的人，一路聊著。車過天安門時，他忽然問：

「你們二位來了好幾天，覺得我們這兒怎麼樣？」

「很好，很好，正積極建設嘛！」我們楞了一下，忙不迭的稱讚。

「這幾年是比較好，鄧小平搞建設、經濟，搞出了一點名堂。」他接著又衝口而出：

「你們的蔣經國才眞正了不起！」

我們沒敢接碴。但那時，我對曾　木杖芒鞋，上山下海爲建設臺灣如苦行僧般的　經國先生興起強烈的懷念。

「前人種樹，後人乘涼」，但如何讓這棵大樹歲歲月月枝葉茂密，發揮它更廣闊的餘蔭，卻是我們後人的責任，這是我此行感觸最深刻的。

天安門的滄桑

「天安門」早就如雷貫耳，自從中共統治了大陸，北平的「天安門」就惡名遠播，遠及海峽的這一邊。一提「天安門」我就會想到大字報、暴亂和血淋淋的政治事件。因為早年由竹幕中透露出來的訊息，「天安門」是共黨政治逆順的寒暑表。

但是從沒想到，在一個午夜裡，我第一次看到「天安門」。

到北京（大陸都稱北平為北京）是午夜十二時左右。走出機場大廈，坐上機場接送客人的小巴士，就駛向夜的黑暗裡。大地一片漆黑，路旁燈光極少，只感到路樹影影綽綽的倒退。接機的大弟解釋夜色如此的暗，是因為限電。為了節省電源，北京白天有些地區也限電。儘管車子所經之處都暗沈沈，但是我仍瞪大兩眼，望著車窗外，看那在夜朦朧中的北京街景。被關閉了近四十年的都市，使老北平的丈夫都覺得神祕。

驀地，遠處出現了一片霞光。這片霞光雖然不十分亮，但是在四周漆黑的夜色裡，它特別的醒目，不知北京有夜霧，抑是日間空氣被污染濁氣未散，那霞光被籠罩在煙霧迷濛中，遠遠望去，一座古意盎然的中國宮廷式的建築物，彷彿是「山在虛無縹緲間」在眼前移動，那霞光是來自建築物周圍成排成行的路燈照耀。

『這是天安門。』大弟遙指著，輕描淡寫的介紹。

『哦！』我精神一振，立刻坐直身子，極目眺望。它靜靜的屹立在那裡，車子漸行漸遠，它消失在黑暗中。

「天安門」原是明清兩朝皇城的正門，爲明朝永樂十八年（公元一四二〇年）所建，當初爲三層樓式的木牌坊，名稱是「承恩門」。到清朝順治八年（一六五一年）改建增修成現在的式樣，並更名爲「天安門」。

天安門位於北京市中心區，東單、西單兩大街之間。當年是北京城最高的建築物，是座極具中國建築藝術的城門樓；重檐歇山式的屋頂，覆蓋黃琉璃瓦，並造有成排的斗拱，大小梁枋，山牆繪有金龍彩圖和吉祥如意花卉圖案。樓內共有六十根巨柱排列成行，南面有菱花格扇門三十六扇，方磚鋪地。樓高九丈餘，面積佔二千平方米。城臺下有五個城門洞，每個深數丈，中間是正門，最高大，過去只有皇帝能進出此門。現在這個城樓粉飾一新，色彩絢麗。

天安門在明清時以及共黨專權後，一直是禁地，閒雜人免進。常做爲舉行慶典的場地，也只有紅朝新貴和高幹纔能進入。現在共黨爲搞經濟建設，配合觀光事業，自今年一月開放自由參觀，因此遊人絡繹不絕。但絕大多數是北京當地人，外來的觀光客寥寥可數。

天安門城樓前面有一條玉帶般的金水河，河上建有七座雕欄美麗的石橋，金水河兩旁各有一對雕刻精美的石獅子。過了金水河的石橋，就是天安門廣場。這個廣場佔地四十萬平方米，可容納五十萬人舉行集會。廣場上聳立一座三十七米高的紀念碑，中國歷史博物館，以及我們時時聽到的「人民大會堂」都在廣場上。

天安門廣場是中共人民政治活動的地方。此地張貼過大字報，進行過鎮壓人民爭自由行動的血腥事件；現在是他們節日集會的場所，平日市民消閒的地方。大陸上人口超載，人民生活窮困，可以在天安門廣場上看出來，從早到晚，聚集在廣場上的人群，如出巢的螞蟻在蠕動，他們多容顏憔悴，衣著簡單，廣場周圍的攤販所售的食品多粗糙簡單。

然而，當我站在天安門城樓上，居高俯瞰下望，遠處屋脊鱗次櫛比，近處馬路上車如流水，對北京種種有「改善」的錯覺。但是走下天安門城樓，雜在人群中，我知道昔日繁華富裕的北京已消失。幾千年雍容優雅無從尋覓，如一個飽經患難折磨的貴婦，她那絕代的風華，在坎坷的歲月中老去。

巍巍天壇

北平是中國歷史上的帝王之都，因此皇宮建築的古蹟名勝很多。除了故宮是古時帝王之家生活活動的地方，坐落在北京市內正陽門外的「天壇」也是皇宮禁地。

「天壇」是明、清兩朝帝王祭祀天神的場所。中國古時皇帝治國認爲「風調雨順，國泰民安」是得助於上天的恩典，每年都擇良辰吉日到「天壇」祭拜天上諸神，謝天祈福，所以被視爲是神聖的地方。由故宮出天安門，過天安門廣場，向「前門」走，沿著前門大街，過了天橋，就到了天壇的西門。

「天壇」初建於明永樂十八年（一四二〇年），後又經過明朝嘉靖、清朝乾隆時代增建改建，成了現在這個宏偉壯觀，設備完善的祀壇。由於四周佔地遼闊，風景優美，辛亥革命後，於民國初年闢爲公園，今稱爲「天壇公園」。

天壇這個地方的形狀是北面呈圓形，南面爲方形，是象徵「天圓地方」，周圍築有兩道壇牆，分外壇和內壇兩個部分，總面積有兩百七十三公頃。

內壇北為祈谷壇，南為圜丘壇，中間有丹陛橋相通。另有皇穹宇、雙環亭、宰牲亭、七十二長廊、齋宮等古建築。環繞這些壇內建築物的周圍，種有數千古柏，更托烘得天壇公園氣象不凡。

天壇公園內主要部分是祈谷壇上的祈年殿和圜丘壇上的丘壇。這兩處和丹陛橋都是以漢白玉做基石和欄干。三層圓型的祈年殿，屋頂用藍色的琉璃蓋成，如藍寶石般閃閃發光。殿頂是寶頂型，金色的寶頂金碧輝煌，氣勢雄偉。殿外四周有三層白玉石雕欄圍繞，並有石階。拾階而上，登上壇場，壇場中央矗立著祈年殿。殿內屋頂也呈圓形，有四根雕繪的描金艷紅盤龍柱及十二根大紅圓柱，直達殿頂。四根盤龍柱象徵四季，十二根大紅柱象徵十二個月份。殿裡的槅扇、斗拱、梁椽都是雕花描金彩色，極精緻，呈現著中國藝術之美。

出了祈年殿，沿著丹陛橋往南走就到了圜丘壇。圜丘壇也是白玉砌成，同樣是三層雕欄的圓壇，不同的是壇上空無一物，如露天廣場，這就是古時皇帝祭天的地方。據說每年祭天日選為「冬至」日，在前一天皇帝就駕臨天壇，住進「齋宮」，沐浴齋戒，以表誠心。第二天黎明時分即行祭天大典，在丘壇上設香案，供三牲。三牲是壇內豢養，並在壇內的「宰牲亭」宰殺，不能購自市上，以表隆重和敬意。

壇內除了祈年殿和丘壇，「齋宮」最重要。立於壇內西門的「齋宮」是皇帝祭天時的行宮，沐浴齋戒的地方。占地一萬平方米，周圍有兩道牆，宮內前爲梁殿；後面是行宮，左右設茶果局、御膳房、衣包房等衣食供應處所，儼然是個小皇宮。現在整理後以原貌展示供人參觀，在無梁殿上並陳列著祭祀文物。

西部外壇並設有「神樂署」，掌管祭天時音樂的演習和演奏。在丘壇旁有一回音壁，此壁呈弓弦彎型，站在壁前講話可以聽到回音，傳說當時的「樂宮」練習演奏時就在回音壁前。

祭祀時，皇帝乘龍輿，文武百官隨行，沿途鑼鼓齊響開道，聲勢浩壯的來到天壇。而今昔日繁華風光，隨時間的流逝而被淡忘了，只留下建築的古蹟，供後人憑弔參觀。

皇家避暑勝地—頤和園

那天起個大早去頤和園，希望能在一天之內看到它的全貌。

頤和園是清朝的皇家花園和行宮，又是清朝有名的老佛爺慈禧太后動用了國家興建海軍巨款修建的避暑勝地，自然風光旖旎，氣派非凡。自從中共政府開放觀光，以它做爲無煙囟工業的搖錢樹，慕名而往的國內外人士絡繹不絕。

我們去的那天，包了一輛計程車，主要是節省時間和體力。據識途老馬的遊客說，佔地遼闊的頤和園，要每個角落都走遍，最少要花兩三天的時間，一天只能走馬觀花地瀏覽一下。

頤和園在北平的海甸，因此處湖泊縱橫，又叫海淀。海甸雖然是北平城外的一個小鎮，在清朝乾隆鼎盛時代，因爲毗鄰圓明園勝地，朝中名公巨卿紛紛在此處覓地築園，做爲別墅。後來慈禧擴建頤和園做爲避暑行宮，每年夏天駕臨避暑，海甸成了皇家休息的中途站，更是勝名遠揚。提起「海甸」，老北平是無人不曉，無人不知的。

歲月的遞嬗，湮沒了繁華，加上共黨近半個世紀都忽視建設，現在走在海甸鎮的街上，不但沒有山陰道上的景色，卻呈現著荒涼敝舊的景觀。坑坑窪窪，塵土飛揚的柏油馬路上，往來的是兩截式老舊的公車和穿梭其間的自行車，以及車上灰撲撲的人。

我們由東宮門進去。東宮門是座灰瓦紅柱，雕欄畫棟古香古色的宮殿式建築。最醒目的是門前兩旁各有一隻蹲立著的銅獅子，銅獅子張牙舞爪，足下踩著個繡球，連座臺有兩人多高。另外兩旁臺階中間是塊漢玉雕板，雕刻的盤龍祥雲栩栩似眞。玉石晶瑩，雕工精美，據說價值連城。爲免遊客踐踏，用銅欄干圍起。

東宮門共有五個門樓，踏進門樓，眼前的景色是另一個神祕新奇的美麗世界。遊客們不僅被目不暇給的美景吸引，也走進了時光隧道，遙想昔日這裡的皇室富貴，旖旎風光。

頤和園前身稱爲清漪園，是清朝乾隆皇帝在西元一七五〇年所建。在一八六〇年被英法聯軍燒毀，慈禧太后於一八八八年重建，改名爲頤和園。但在一九〇〇年，又遭八國聯軍焚毀，一九〇三年慈禧動用了龐大的海軍建費，重修此園，以後慈禧半生的歲月，都在此園度過。

頤和園全面積有二百九十公頃，由萬壽山和昆明湖組成，有四分之三是水域。其中名蹟勝景有佛香閣、長廊、石舫、諧趣園、知春亭、銅牛、十七孔橋、玉帶橋、大戲臺等。

其中最著名的是「長廊」。此廊蜿蜒七百餘米，共有廊門二百七十三間，全程都是雕梁畫棟，朱欄座椅，可見其豪華之一般。要走完長廊全程，據說腳力好的也要走四十多分鐘。

這條長廊把前山的排雲殿、畫中游、銅亭、聽鸝館、石舫等主要的勝殿串聯在一直軸上。全園建築物倚山面水，站在長廊上遠眺，昆明湖畔垂柳環繞，十七孔橋如一道長虹飛架凌躍湖心。諧趣園前荷葉田田，遠處的昆明湖一片煙霧迷濛，如披了薄紗。向晚時分，晚霞映紅了昆明湖。

只是長廊和一些木質建築物都已老朽，雕花窗的玻璃模糊敝舊，那彩色的油漆粉飾，也掩蓋不了歲月的侵蝕，頤和園已是遲暮的老婦了。

地下帝王家

中國歷史上古老的傳說，皇帝都是天上的龍子下界，統治萬民，所以古時稱皇帝爲眞龍天子，有九五之尊的高貴。

眞龍天子，不僅受萬民膜拜崇敬，生活也極盡奢華享受。生前如此，死後也把富貴帶到墳墓中。在北平近郊的十三陵區，就是明朝歷代皇帝的地下皇宮所在地，埋葬了明朝十三位皇帝的宏偉寢宮。

在北平西北郊昌平縣北十多公里處，是林深樹茂的群峰環抱地形。在山峰起伏中，隱約可見紅牆黃瓦，斗栱飛檐，就是十三陵富有中國建築藝術的殿堂。

十三陵周圍的群山統稱燕山，是太行山脈的餘脈。中國人講求風水，尤其祖先埋葬地的風水，關係著後代子孫的昌隆富貴。皇帝爲保皇朝永盛，更注重死後皇穴的風水。這一塊佔地廣大的陵區，是風水先生眼中的龍穴。

十三陵處所葬的十三位皇帝，計有成祖的長陵，仁宗的獻陵，宣宗的景陵，英宗的裕陵，憲宗的茂陵，孝宗的泰陵，武宗的康陵，世宗的永陵，穆宗的昭陵，神宗的定陵，光宗的慶陵，熹宗的德陵和思宗的思陵。

到十三陵，車子由北平城出發，那些日子是北平入夏以來的乾旱期。車輛經過，黃土滾滾，旱象畢露的原野，經過一個乾涸龜裂的水庫，就到了十三陵區。首先映入眼簾的，是石牌坊後面筆直寬敞、兩行老柳夾道的「神道」。

十三陵各陵佔地都有十多公頃，建築的陵殿，形狀仿照南京的明孝陵。即分陵門、陵恩門、陵恩殿、內紅門、龍鳳門、明樓、寶城、寶頂、地宮。另外有石牌坊、神道、石像生、碑樓裝飾建築。

神道前的石牌坊算做陵寢的大門。石牌坊是座有精美浮雕，極富中國建築藝術的白玉石建築物。走進石牌坊再向前，便是十三陵的門戶——大宮門。共有三個門洞，丹壁黃瓦，單檐歇山頂，全是磚石所築。在門外設有左右兩個下馬碑，上刻「官員人等至此下馬」，字跡隱約可見。

進入陵門，就是風光獨特的「神道」。神道是進入陵區的主要大道，路兩旁的老柳，柳枝茂密，依依垂娜，如簾幕。最引人注目的是老柳樹下的「石像生」。石像生有獅子、獬豸、象、駱駝、麒麟、馬等六種，共有十二對。其中六對是立像，六對是臥像。後面是武臣、文臣、勛臣各四尊，相距一樣的距離而立。這些動物和人物的雕技高超，使石像栩栩如生。陵內有帶團的導遊解說，這些「石像生」有五百多年的歷史。

最後是地宮，是眞正埋葬皇帝嬪后及早夭皇子的地方。考古學家挖啓後，經過一番修葺，保留當初原本面目，開放供人參觀。

這些地宮，據說深入地下層八層之深。裡面別有洞天，地宮的石門是半圓形，猶如古時的宮門。進入第一道門是地宮的前殿，金磚鋪地，兩壁用青石砌成，裡面沒有供奉物品。進入第二道門是中殿，裡面陳設三套潔白玉石寶座，座前是黃色琉璃的五供：兩隻燭臺，兩隻花瓶，一隻香爐。五供前各有一隻青花雲龍大瓷缸，缸裡裝有香油、銅瓢、燈芯，就是俗稱的長明燈。因地宮一封閉，人進不去，又缺少空氣，所以缸內存油多，長明燈也不亮了。最華麗漂亮的是第三殿，即後殿，地上用光彩奪目的花斑石鋪地，殿正中有金磚鋪成，周邊鑲白玉的「棺床」，上面放著棺材。

在陵內有展覽室，裡面玻璃櫃櫥內陳列挖掘出土的祭品、陪葬首飾、古玩以及皇冠、衣物。僅首飾就有二百多件。手工精美，寶石、眞珠等都價值連城，可見其奢華了。而今昔日繁華轉眼成空，只留陵寢任後人憑弔。

斷垣殘壁圓明園

名勝古蹟地方有山有水，更能托映出勝景的秀美。尤其河溪多的勝地，水波瀲灩，讓人心曠神怡。前歲遊歐洲，曾到水都威尼斯，那滿城水域，半城湖泊，栱橋處處，舟楫欸乃的景色令人難忘。這次到北京，看到一處勝景，很富威尼斯風光，那就是「圓明園」。

「圓明園」現在稱「圓明遺址」，園內景色特殊，清流湖泊處處，原是皇家園林，現在成了古蹟名勝，位於北京城北郊，距離頤和園不遠。

那天我和家人包了一輛計程車，直駛海甸方向。計程車司機是個喜歡講話的人。不，其實我們到北京的那些日子，無論是坐計程車或買東西，一聽我們是「臺胞」，立刻態度親切，話匣子就打開了，問東問西。這次這個司機也不例外，聽說我們要到圓明園，立刻操著京腔，建議我們改行程：『那哈兒有啥看頭，一堆亂石頭，幾條臭河溝，我看我拉你們到頤和園看看。那個地方纔值得看，頤和園就在離圓明園不遠的地方。』

『頤和園明天再去，今天我們要先到圓明園看看。』大弟笑著說。

圓明園建於清朝，經過一百五十年纔完成，可見佔地的遼闊和經營的工夫。佔地五千畝的圓明園，在全盛時期是清代皇室休閒遊樂之地，也是清代王朝統治中心，極富園林之美。瀲灩水波處處，小橋流水，有柳暗花明又一村，曲徑通幽的寧靜之美和江南風光。

圓明園分三部分，佔地最遼闊的是圓明園，其次是長春園和萬春園。在圓明園內，有個最大的湖泊，可以泛舟。湖中央有一個袖珍小島——蓬島瑤臺，與臺灣的日月潭裡的光華島相似。只是小舟朽舊，我們不敢放膽泛輕舟，一些小溪流全倚小橋做爲交通工具。

園中除了縱橫的溪流湖泊，有些地名也很詩情畫意。例如：「平湖秋月」、「武陵春色」、「山高水長」「別有洞天」「蔚藻堂」「含琿樓」等等，一派中國古典之美。

在北平的時候，正逢初夏，但有盛夏的炎熱，有幾天氣溫高達三十五度。長年居住亞熱帶地方，只以爲亞寒帶的北京在盛夏也不會烈日灼人，想不到卻熱得汗流浹背。陽光照在身上，猶如火烤一般。因爲北京是屬大陸的乾燥氣候，同樣的溫度，北京卻比較熱。

走進到處是水的圓明園，穿梭在亭臺水榭間，涼風習習，暑意頓消，難怪皇家以此地做爲避暑勝地。只可惜在八十多年前，遭八國聯軍焚燒，使一代名園成爲一片廢墟。雖然現在稍加修復，但是劫後遺痕隨時可見。

是共黨政府無力修復，抑旲保持一部分劫後的殘跡，讓國人常保警惕久心？很多地方仍有斷垣殘壁，有一處堆積著亂石斷柱。仔細察算，那是雕柱石梁，還有一座損破的石獅子，缺腳斷趾的傾斜在亂石堆中。有些地方已經失去明媚風光，只見荒草萋萋，古樹盤虬。我穿行其中，細心尋覓往日繁華，由那斷垣殘壁中，依稀看出昔日的絕代風貌。

重遊「天橋」

北平有很多俏皮話，如「光說不練，天橋的把式」。「把式」是北方話，指武術裡的招式。這句俏皮話是說一個人只會吹牛，沒有眞本領，像天橋的練家子，只是虛晃一招唬人的。

「天橋」是北平很有名氣的地方，不僅北平居民人人知道，電影拍戲拿它做外景，作家作品裡寫它，很多忠義可歌可泣的劇本以它爲故事背景。在北平，「天橋」是個特殊的地方，是雜耍和民俗賣藝聚集的地方，是北平中下層社會拉車賣漿者流的娛樂場所。

天橋位於北平城南，永定門大街，離天壇不遠。在沒有離開大陸前，曾和家人去了一次，那時候還是垂髫的小丫頭呢！只記得一到那裡看得我眼花撩亂，有摔跤的、耍猴的、拉洋片的、唱大鼓的、說相聲的、說書的、賣各種吃食的。小孩子對唱大鼓的，說相聲的和說書的不感興趣，我喜歡看耍猴兒和拉洋片的。

天橋出名是出在它有不同風俗的藝人，表演別處看不到欣賞不到的玩藝。中國人的個性很怪，尤其北方人，越是窮人越講究義氣，越是有骨氣，倔得像條牛，越是淡泊名利。也許是如此，天橋賣藝的人，有很多是埋名隱姓的清朝沒落王孫。他們在家道顯赫時都是「玩家子」，懂得的、會玩的東西不少。民國成立，王朝消失，他們就淪落天橋賣藝為生。以前消遣玩樂的東西變成混飯吃的技藝了。

最記得小時聽父親講天橋說書的「窮不怕」的故事。「窮不怕」是人們給他起的綽號，因為他自稱不怕窮，所以叫「窮不怕」，眞實姓名誰也不知道。據說他是清朝鑲黃旗的皇族之後，他不承認。由於他見多識廣，能言善道，就在天橋落腳，賣起耍嘴皮子的玩藝，居然很賣座，藝名遠播。只要到天橋來的人，都要聽聽「窮不怕」的口才。

可是我卻喜歡看「大金牙」拉洋片。「大金牙」也是埋名隱姓的人，只因他嘴裡鑲了幾顆金牙，所以叫「大金牙」。拉洋片就是西洋鏡，放西洋鏡的道具是一隻如現在電視機的小箱子，有一面安裝著放大鏡的鏡頭，另一邊放畫片。看西洋鏡的眼睛對著鏡頭看箱子裡照片。又大又清晰，拉洋片的就在一旁敲打著樂器，有板有眼的，再鼓其如簧之舌解說。「大金牙」口才好，邊說邊唱，形容詞誇張的繪聲繪色，還眞使人著迷呢！想著想著耳畔響起「大金牙」那中氣足、嗓音亮的吆喝：『嘿！往裡頭看來，往裡頭瞧……』

天橋到了，我們下車往裡走，也往裡面看，往裡瞧。但是甚麼都瞧不見了，也聽不見了。絲竹弦樂沉寂，沒有說大鼓的。驚堂木聲音杳然，沒有說書的。連那「嘿！往裡頭看，往裡頭瞧」的聲音也聽不見了。算算那個昔年落拓又倔強的中年人，已是耄耋之年，而今安在否？四十年，兒童已入中年，中年已經老年，社會進步。當年流行的玩藝，已經成了歷史民俗的技藝。大家都看那有聲、有動作、有彩色的電視了，誰還去看那落伍簡陋的西洋鏡呢？

天橋，景物全非。這一塊昔日笙歌繁華的世界，而今成了擺攤子、賣舊衣、賣舊貨的市場。那些販夫走卒的小市民，渴了就買一大海碗冰水，站在攤子旁仰首一飲而盡。餓了買一張大餅邊走邊吃。他們是那樣的瀟洒，安之如貽。二弟告訴我，受過苦難的人最易滿足，現在大陸上各地的人，不必要糧票布票，不必排隊就可以買到自己需要的食物用品，他們已經滿足了。希望明天更好，能如戰前的太平歲月。

但是，天橋呢？能恢復舊觀嗎？天橋那段輝煌的日子恐怕不會再有了。

消失了的廟會廠甸

那一天去天橋，路過前門大街，計程車正在往前走，外子突然指著車窗外，說：『廠甸就在這附近。』

外子離開吉林老家，隻身在北平讀中學，在考上大學到後方前，在北平住了六七年。現在舊地重遊，從前走過的地方，玩的地方，都一一在他腦海中復活。路過南池子大街，他四處張望，感慨地說：『從前這條街有個五座門的大牌坊啊！』經過有寬敞大馬路，人來車往名叫「三里河」的地方，他回憶著說：『從前這裡是鄉下，沒有人煙，我和同學騎自行車旅行來過。』

他一提「廠甸」，我的腦中也出現一些景象：賣冰糖葫蘆的，揑麵人的，吹起來「噗瞪，噗瞪」響的噗噗瞪，和穿著紅坎肩，凍得鼻頭紅紅的，眨巴眨巴眼的小猴子，現在是甚麼樣兒。於是讓計程車先到「廠甸」。

那年我家由關外東北老家入關，準備往南方去，路過北平。父親、母親和祖母都是初臨斯地。北平是中國的帝王之都，免不了要逛逛名勝古蹟和好玩的地方。我們朝故宮，進太廟，遊天壇，還到城南遊樂場見識見識。但在我童稚的腦海中，印象最深刻的是「逛廠甸」。

「廠甸」是北平最大衆化的遊樂消閒場所，是老少咸宜，窮富都可暢遊的地方。有錢嘛吃吃喝喝，買點心愛的玩意兒，沒錢擠在人群裡瞧瞧望望，乾逛逛也快樂。尤其過年前後，賣的東西多了，攤位多了，更熱鬧。走在「廠甸」的街上，像逛廟會一樣。所以小孩子最喜歡到「廠甸」。

我家那次去的時候剛過完年，正是年閒時候，人們熱中吃喝玩樂，「廠甸」熱鬧得眞像廟會，人群熙熙攘攘，各處擺滿攤子，挑挑揀揀。男人　站在舊書攤前翻看，站在畫棚子前背手凝眸品賞棚子裡掛的字畫。「廠甸」旁就是「琉璃廠」，是北平著名的文化街，專賣新舊書籍、古畫和賣名筆、名墨、畫紙的南紙店、筆墨莊、這些都是大人感興趣的事，我們小孩子喜歡的是另外一套玩樂。

看那捏麵人的攤子前，擠著的十之八九是兒童。賣麵人的雖然是粗手粗腳的漢子，都有一雙巧手。看他先捏一團皮膚色的麵，做個身子，再捏團紅色的麵做頭，然後墨髮黑鬚，紅紅綠綠的繡袍玉帶穿上了，珠珮環繞的金冠戴上了，最後捏鼻做眉眼，弄口唇。看他手指靈活地忙碌，沒多久的工夫，一個威風凜凜、面貌莊嚴的紅臉關公，栩栩如生地出現了。看完捏麵人，有興趣買一個。麵人多是平劇裡的人物，樣子都如戲臺上的裝扮，做得維妙維肖，擺在案頭，賞心悅目。看完捏麵人，又能看到吹糖人的。吹糖人的是用麥芽糖做原料，吹捏出各種人物動物的樣子。不同的是糖人可以吃，玩著看著舔一口兩口，幾口就吞下肚子去啦！

此外，「噗噗瞪」是薄玻璃做的長柄、圓頭的簡單樂器，輕輕地吹發出「噗噗、瞪瞪」的清脆聲音，走遍國內外，至今還沒看到這種玩意兒。

正在回憶童年歡樂情景，計程車霍然而停，司機先生說到了。我們下了車，因爲是包車，就在路旁等著。

兩個懷舊的異鄉歸來人，茫然然地往前走。是夏天太熱嗎？人影寥寥可數，只有幾個賣吃食的攤子，兩三處賣女人時裝的攤子，花花綠綠質料很差的廉價洋裝，在風裡飄盪，還有幾個賣冰棒的推車。「廠甸」原是「海王村公園」的舊址，雖然叫公園，規模沒有公園大，裡面原有假山、噴泉、漁池，四周有花草樹木。現在不但昔日繁華熱鬧景致不見，噴泉無影，魚池乾涸，只有花草樹木還蒼蓊。不僅感到掃興，也有滄桑之感。

出來坐進等候在路旁的計程車裡，外子問司機先生：『「廠甸」現在甚麼時候最熱鬧？』年輕的司機奇怪地睜大眼睛回答：『就是這樣兒！』

是啊，沒有「個體戶」做生意，廟會的情趣消失，誰還來逛「廠甸」哪？

小巷深宅四合院

前年吧，國防部散文隊友到離新竹不遠的鄉下去看「古蹟」。這個古蹟是一座小小的民宅四合院，建築有百年的歷史，於今早已不住人，被政府保護，做爲研究歷史文化的古蹟。站在古意盎然，打掃得很乾淨的四合院廊前：那臺階、寬院、迴廊，使我跌進童年的記憶。因爲眼前的景致，太像童年住過的四合院了。

大陸北方的民房，大都是四合院。這種住宅，不僅可以三代同堂，還可以四代五代同堂。一家人住在裡面，又熱鬧，又可以隨時照應，又有隱私權。四合院的住宅，關起大門來自成一個世界。人生的悲歡離合，日子的風花雪月，親情的溫暖甜美，就在這個四合院上演著。

這一趟回到北平後，親人相見的激情淡去，除了去故宮見識見識，也遊覽了頤和園，一直很想再重臨四合院的民宅，重溫一下往日舊情。那天逛王府井大街時，眼角驀然瞄見一條深巷，心中怦然而動，信步踱入巷內。

北平是帝王之都，在太平歲月的建築講究華麗的藝術。平常百姓家的住宅，雖然不如深宮上苑的考究，但是四合院繪著福字的影壁，繞院的迴廊，琉璃瓦的牆頭，也自有它優美的特色。

最記得勝利後到北平考大學，暫住東皇城根一位世伯家。世伯是東北同鄉，在公路局任工程師。那時候工程師待遇好，住一座租來的四合院，祖孫三代同聚一堂。

那是我此生所見最喜愛的住宅。正房一明兩暗。東西廂房一明一暗，寬敞又明亮。大門兩旁，各有耳房，是看門人和車伕的住處。另有一個小跨院，是廚房和女佣人的天地。這座小四合院租自民家，據說房東的先人曾在宮裡當差，置下這份產業，後世子孫全仗這座房子的租金過活。

這座四合院雖然不華麗，但是建築也很優美。雕花粱柱的迴廊，每扇門是縷空花的。小窗分上下兩層，花格的窗櫺上糊著宣紙，下面一扇有玻璃的窗子，擦得光潔照人。夏天把上層支起來，習習涼風，灌滿全屋。

世伯的高堂雙親還健在，頤養天年的日子是種花時草，逗鳥觀魚。四合院裡有四時不斷的花卉、冬梅夏荷，春草秋菊，像小小的花園。夏日金魚缸擺在廊下，黃鸝鳥掛在簷下，石榴花開得灼灼如火。請工人搭起涼棚，遮滿一地的蔭涼。在廊下小坐，在院裡徘徊散步，聽鳥語聞花香，四合院裡是個幸福舒適的家庭。這幸福也澤被於我，在考試之前，我總是坐在廊下靜靜地溫書，午後小睡醒來，挾書再坐到廊前籐椅上，一杯冰鎮的桂花酸梅湯，放在廊欄上，那是女主人，我叫大娘的慈祥的長輩對我的愛和關心。

四合院外面的胡同，也給我留下難忘的記憶。每家門前都少不了有棵老樹。一進胡同，老樹蒼蓊成行，樹上的夏蟬在午後和傍晚時分叫得最嘹亮。從外面回來，一進胡同，一身的涼爽。耳畔的蟬聲遠了又近了，是悅耳的天籟。

懷著難忘的記憶，我走進巷內。只是眼前一切都變得陌生了，雖然是炎夏時節，耳中聽不見蟬鳴。只因巷內沒有老樹的蹤影，只有一輛一輛自行車，斜倚在污泥斑駁的牆角。再仔細瞧，第一家是四合院沒錯，只是如朽木的雙扉大敞著，我探頭瞧見一個白髮蒼蒼的老太太坐在小板凳上洗菜，自來水龍頭在牆角嘩啦地流著水，旁邊是舊鍋，油膩的灶，院子另一角晾曬著被單，幾個兒童跑出跑進地嬉戲，站在我面前用好奇的光看著我這個陌生人。

我不敢徘徊，不忍留連，昔日優美雅致的四合院，已變成髒亂嘈雜的大雜院。在僅堪溫飽的日子裡。很多人無力也無閒情逸致去追求生活的情趣。

沉寂了的市聲

那天，和幾位好美味的文友，到一家以「北平小吃」爲號召的飯館嘗鮮。未曾去過北平的年輕人，邊吃邊讚：『好美味喲！這名字好奇怪，好好聽啊！』

我們那天吃的有「驢打滾」「愛窩窩」。其實這兩種甜點都是糯米麵做的，做法和調味料不同，有不同的風味，加上生動的名字，就引得人食指大動了。由這兩種小吃，我想起北平的市聲，也是很讓人神往遐思的。

中國大陸地域遼闊，由於交通不便，各地方的人鮮少往來，形成各地有各地方言的情形。中國人認爲南方江浙一帶的「吳儂軟語」最好聽，而北方就數北平的「京片子」了。

京片子清脆有捲舌音，聲調醇而不膩。但最好聽的還是北平叫賣的市聲。北平的市聲是京片子加上形容詞：『酸梅湯來，桂花的味咧！』聽，眞引人垂涎哪！

「賣啥吆喝啥」，自古中國做小生意小買賣的人，如果沒有店面，大都挑了擔子或推著車子沿街叫賣。現在有菜市場、超級市場，買菜的人要特地跑去買。但在從前，只要坐在家裡豎著耳朵聽。

「小白菜喂，嫩喲！」「小蔥兒，辣來！」跑幾趟大門口，一天的菜也就買全啦！

只是小時候，十五二十少年時，是遠庖廚的年齡，從不關心青菜蘿蔔的事，喜聽愛吃的零食叫賣聲。何況北平賣零食的叫賣聲，眞有如歌曲旋律，有腔調，有形容，有感情。夏天的午後，正閒著想吃點甚麼，聽，巷子裡就悠悠的傳來：『喂甜桑葚來櫻桃！』桑葚沒有櫻桃甜，這句吆喝乍聽是桑葚甜似櫻桃，北平市井的小生意人還眞懂得叫賣的藝術，因為賣桑葚的也賣櫻桃，價錢有貴賤。到臺灣這些年，還沒有看過北方那種鮮紅水盈盈的甜如蜜，微酸清香的櫻桃。桑葚是有，但都是野生的，不敢吃。

和桑葚櫻桃同時登場的，還有嫩杏。

「好大個兒的清水杏喲！」「五月鮮的桃哇！」賣瓜的不說瓜甜，但從這些形容詞中就知道它們的美味了。

杏兒，在臺灣也沒見過，軟杏酸甜適度，有杏香味。清水杏是那還未成熟的嫩香，咬一口，會酸得你皺眉。可是沾了蜜，味道就不一樣了，又酸又甜又脆，害喜的準媽媽視為「開胃果」。蜜桃在北方是秋果，夏天的鮮桃是　還未成熟的毛桃子。桃味濃，又脆，可惜太酸啦，可是兒時就喜歡吃這種「五月鮮的毛桃」。

北方四季分明，每季的農產品也不同，每一季有每一季的應時零食，所以叫賣的市聲也有差異。聽聽秋天北平賣零嘴的吆呼些甚麼：

「甜蘿蔔來！嘎嘎棗來！」霜打的蘿蔔甜，北方秋天已經有薄霜，棗也是秋天的水果，一聽巷口傳來這吆喝聲。就知道秋天來啦，早晚要穿袷衣了。

「半空兒多給！」賣落花生的。生長在臺灣的朋友，初到大陸北方，如果是在秋天，準猜不透落花生叫「半空兒」。

「栗子味的烤白薯喂！」栗子比番薯甜又價錢貴，現在賣的烤白薯滋味和栗子一樣，你能不買嗎？

「蘿蔔賽梨辣了換！」蘿蔔比梨還甜，辣了包換，您哪，放心買吧！

至於「驢打滾」「愛窩窩」、「切糕」「涼粉」「冰糖葫蘆」都是童年百吃不厭的美味零嘴。

吃著臺灣做的這些美味，不僅又勾起鄉愁，還有無限的感慨。在坐的年輕人還一個勁的問：『你這次回北平，吃到這些美味了嗎？』

我告訴她們，不但沒吃到，連影兒也見不到，更聽不見北平那傳統的優美悅耳的市聲了。因爲三十多年來，人民不准私自做生意，這些民間小吃怕已經失傳了。而我去了一趟北平，還得到臺北纔能吃到「驢打滾」和「愛窩窩」。

打鼓兒的

到北京探親，除了看望睽別已久的親人，我還要看看這座封閉了近四十年的中國歷代帝王之都的名城現在變得怎麼樣了。我也以懷舊的心情，去尋覓童年的歲月。那敦厚的溫馨民風，那簡樸優閒的舒適日子，那眞正的中國面貌。

童年的時候，活動的範圍只止於大門口外的里巷街弄間，和鄰居的玩伴滾鐵環、跳房子、打陀螺。夏日那一聲吆喝：『涼粉來，涼啊！』冬天的：『栗子味的烤白薯喂，熱和！』常會在巷子中引起一陣騷動和門裡門外的奔跑聲。當那揑麵人的擔子歇在大樹下，一張張聚精會神的小臉，一雙雙渴望的眼凝視師父手中各色的麵糰。看他把麵糰化成塵世的人物：紅臉的關公，白臉的曹操，取經的唐僧慈眉善目，大鬧天宮的孫猴子猴嘴猴腮。這些童年的記憶，使我特別懷念北平的里巷風光。

因此，在北平的那些日子，每次搭乘的公車駛經舊城大街的時候，我總由車窗裡搜索街道上的巷子，凝眸望去，久久，久久。

那天在一個陋巷口，我瞥見一個小娃兒，她邁著蹣跚的步履，搖著手中的「博浪鼓」，「噗浪、噗浪」的鼓聲，好熟悉呀！耳畔卻隱約傳來：『換取燈喂！收破爛！』我驀地憶起昔日巷弄間穿梭的常客「打鼓兒的」。

外鄉人聽說「打鼓兒的，換取燈的」，往往瞠目不知所措。常住北平的人最清楚不過了，就是收買破爛的，臺灣叫「賣酒干的」。「酒干堂賣無！」和北平的「換取燈喂！」是同一個行業。

那年夏天，我家住在北平的「羊尾巴」胡同，儉省惜物的佣人李媽，專收集我家棄之不用的廢物。積多了，當「打鼓兒的」在大門外吆喝『換取燈喂！』『報紙我買，酒瓶子我買！』叫聲響起時，李媽就提著她的「寶貝破爛兒」，邁著小腳，「登、登」地跑出去。打開大門喊：『換取燈的！』

悠閒的歲月，夏日的午後正好眠，家人都在午睡。寂寞得正難過的我，一聽李媽往大門口走，馬上像小跟班跟在後面跑。大門打開，只見挑著大筐簍的「打鼓兒的」往這邊走。一邊走，一邊吆喝著，有聲有調，像唱小曲兒。他吆喝的時候還用一隻手捂在耳背後，好像聽自己吆喝的聲音是否優美。北平早年那些穿街走巷做小生意人的叫聲聲，有鄉土味，有音韻的調子，成了獨特的市聲。半生走遍大江南北和海外，都難得聽到，也成了我回憶童年時候最美好的聲音。

李媽和「打鼓兒的」討價還價一番，賣的錢都落在李媽藍布大褂的口袋裡。那是李媽工資以外的私房錢，是李媽的「外快」。

不要小看這個行業，它也分一二三等。上等的只帶包袱皮，專收值錢的呢衣皮貨、手錶、首飾、字畫古玩。次等的挑個筐籮，收買的是舊箱籠、桌椅、火爐、花瓶擺設和舊鐘等。第三等纔是眞正收買舊書報、舊衣物和破銅爛鐵的。

北平是中國歷史上的帝王之都，尤其清朝在此建都兩百多年，民國之後，京裡落拓的王孫公子，身無一技之長，有的還染上「芙蓉癖（吸鴉片煙）」，只好典當度日。臉皮薄的不好意思三天五天的往當鋪跑，就把祖上留的値錢物賣給「打鼓兒的」。那些拿包袱皮的第一等打鼓兒的就是他們的財神爺，有些「打鼓兒」會在無意中買到名家字畫和稀世古玉，就發了一筆財啦！

而今，探首小巷，只見斷垣院牆裡晒著破棉絮，舊桌椅擺在院子裡，上面是破鍋破碗舊瓢盆。人人都窮得一清二白，破爛捨不得丟，「打鼓兒的」自然就消失了。

北平往昔優美的市聲消失了，人們悠閒、無憂無慮的安定日子也消失了。

布鞋舊時情

爲了便於走路，回大陸探親時，行囊裡帶了一雙運動球鞋。丈夫忘了帶，到了北平第二天，由大弟帶領到友誼商店買了一雙布鞋。

布鞋的式樣是黑布面，方頭，包幫的，底子是咖啡色的塑膠皮材料，看看大弟腳上穿的也是這種式樣。後來我發現，無論男女老少，只要是穿布鞋，都是這種式樣。

但是記憶中的布鞋，不是這種清一色的式樣。

在中國大陸北方，做布鞋是婦女的手上工夫。它那精緻、漂亮的手工，具有藝術之美，呈現著手工藝的巧思。譬如黑緞面的鞋幫上，繡著花瓣兒深淺有致的紅牡丹花兒，再襯上綠葉兒，鞋底兒厚薄恰到合適處，這一雙繡花鞋穿在腳上，立刻給足下增添了美色。這雙鞋包括了花的構思，剪花樣兒；配色的眼光，揀繡花線，以及巧手的工夫、繡花。還有做鞋幫、納鞋底的手藝。

記憶中的鞋樣子很多。除了婦女穿的繡花鞋，還有娃兒們穿的虎頭鞋，男人的素面鞋，老人穿的雙梁鞋，以及冬天的棉鞋，毛兒窩，老頭樂。

做鞋，可不簡單，不但費工夫，還要有一雙巧手。

做鞋之前的準備工作是「打袼褙」。「袼褙」是做布鞋的主要材料。打袼褙是把破布和做衣服剩下的零頭布塊布條，用糨糊一層一層黏貼在木板上，厚度只有兩三公分。然後放在太陽下晒乾，再揪下來，就是「袼褙」了。

做鞋幫用的「袼褙」只有一層，剪成鞋樣子，貼上布面，如果是繡花鞋，就開始繡花，然後鞋口鑲上邊兒，鞋幫工作告成。接著做鞋底。鞋底要好幾層「袼褙」釘縫在一塊，這一個工作叫「納鞋底」。用的工具是錐子、粗麻線、大針和手上帶的「頂針」。把「袼褙」剪成三四張鞋底樣子縫在一起。納鞋底的好手藝，是「針腳」直看橫看都成行，最能表現出婦女「針線活兒」的火候。

在農業社會裡，北方婦女的「針線活兒」，具有現代婦女學歷的同樣價值。所謂「上炕一把剪子，下廚一把鏟子」。那時候的女人要有這兩種本領纔能理家，嫁得好丈夫。

當然「剪子」不是僅指做鞋，還包括縫裁衣服、繡花等針線活兒。只是做鞋最能考驗出針線活兒手藝的高下。所以那時候相親成功的準媳婦在迎娶前，要做兩雙鞋給準婆婆穿，做爲評鑑的成績。如果不及格，只好惡補了。但是很少姑娘在出嫁前纔惡補針線活兒的。因爲那個時代的女孩子，從很小的時候就學著拈針穿線、繡花、剪裁衣服、打鈕釦、納鞋底，一月月一年年，把青春的少女時光都消磨針線上。也許她們不識之無，但是都有一手呈現藝術之美的好「針線活兒」。

現在看看北京街頭的往來行人，所穿的布鞋都是一個模樣兒，大概都是工廠出產的貨品。政治的浩劫，下放邊疆墾荒，吃的是人民公社的大鍋飯，穿的是統一的「毛裝」，剪子、鑵子都用不著了。婦女有新的任務，鞋的手工藝恐怕都失傳了。

然而就在我望布鞋感喟的幾天後，竟然在西單商場一個角落裡發現一個「尙鞋鋪」。「尙鞋」是把鞋幫和鞋底連起來的工作，不會「尙鞋」的，都拿到「尙鞋鋪」完成這一道「鞋」的最後工作。

我站在「尙鞋鋪」前，尋覓是不是有女人穿的繡花鞋，卻發現只有「戲鞋」。各式各樣，唱京戲的角兒穿的鞋。問老闆普通女人穿的繡花鞋那兒有得賣。他回答：

『您哪，到北京百貨公司去找找吧！』

忠心耿耿老媽子

都年近九十歲的雙親，雖然是長壽，畢竟是風燭中的殘年，沒有健康的身體，飲食起居都需要人照顧。弟妹成家又都有工作，只有請一個「阿姨」幫忙。

「阿姨」就是女傭。我回北平初次拜見爹媽，首先迎出來的是個戴白布頭巾，身穿唐裝的中年婦人。我正自納悶她不知是何許人時，她卻笑瞇瞇，大方猶如主人般說：『二小姐回來啦，歡迎！歡迎！歡迎！』口音是蘇北腔，聽得我愣愣地。

後來我知道，這個「阿姨」雖然身爲女傭，卻大牌得很。

第一，買甚麼菜由她做主。第二，不吃剩菜。第三，下午要睡個午覺。星期天下午休假。

我在家那些日子，她對我雖然恭敬，但是隱隱中有股威嚴，做事俐落，不容人置喙。好在父母年紀太大，沒有精氣神兒和她計較，她就成了一家之主啦！

有天下午，她出去「串門兒」，我和父親談到這個阿姨。父親嘆口氣說：『她們是無產階級，在文化大革命四人幫時氣焰盛得很哪！她們那時都是人民公社「大鍋飯」的廚房管理員，後來人民公社解散，她們就成了個體戶的「阿姨」，現在收斂得多啦，要想找像從前的「老媽子」，難嘍！』

大陸一度是當權者的「共產主義」實驗區，人民下放，很多家庭被拆散，父母子女天各一方，沒有個人的家庭，就成立了「人民公社」，大家集體工作，吃大鍋飯。人性是重血緣親情的，這種違反人性的主義行不通，最後都漸漸瓦解，又恢復了家庭制度，但是很多傳統的道德和家庭倫理都被破壞而消失。素重安土重遷的中國人，大都被迫落戶異鄉，父母子女分散各地，要想闔家團聚，眞得有喜慶大典，各路親人千里迢迢齊奔目的地。中國大陸幅員遼闊，加上交通不暢，不可能朝發夕至。這次我回去，住在昆明的大姐，坐了三天三夜的火車才到北平。

昔日那老北平時代，敦厚溫順，吃苦耐勞，知分寸的忠心耿耿的「老婦子」被精明幹練，只知工作的「阿姨」代替了。

兒時在北方，我家一直有「老媽子」幫忙炊事家務。她們的溫順，任勞任怨，每一憶及，總使我嘆服中國女性傳統美德。

中國的北方是貧瘠的地區，嚴寒的冬季，黃土砂質的土地，如果遇上乾旱水澇，農產歉收，鄉下人的日子，眞是難得溫飽，於是主婦只好抛子離家，到城裡幫傭。在北平，老媽子多是城邊子（就是鄉下）人，和三河縣（最窮的縣分）人。不過有一樣，老媽子都是結過婚的人，未婚大姑娘是決不出來拋頭露面的。

那時的老媽子我們都冠姓稱呼。譬如姓李叫「李媽」。她們家務事一把抓，小少爺小小姐的屎尿不嫌髒，早起晚睡，沒有休息時間，也沒有假期。一年到頭全待在主人家，就是請假回家看看也急著趕回來。

有那大戶人家，主人厚道，請的女傭由中年做到老，襁褓中的小少爺被她帶到長大成人，娶了媳婦，對她都敬三分呢，這個家的開門七件事也可做得主。她把主人的家，視爲是自己的家了。

這種忠心耿耿的女傭，在我們自由地區也不多見了，一對年邁的老夫妻朋友，子女都在國外，常爲請女傭而苦惱。這些女傭對主人家的環境要求人口簡單，工作少，工資高，星期休假，要有自己房間，還要三機：洗衣機、冷氣機、電視機。要是一個不如意，提了小箱子就辭工啦！

長城根下騎駱駝

『萬里長城萬里長，長城外面是故鄉。高粱肥大豆香，遍地黃金少災殃……。』讀小學的時候就學會唱這首歌。因爲家鄉遼寧在關外，唱的時候印象很深。那時候正值七七抗戰，烽火連天，因戰局轉移，我隨著家人流亡他鄉。由北方到南方，我也由北唱到南。

勝利後回北方，第一站是山海關。父親在山海關橋梁廠任職，在山海關住了一年。長城近在咫尺，天下第一關的城門樓走在大街上遙遙可望，也穿過城門樓子好幾次，但是始終無緣登關望遠。因爲當時戰雲詭譎，關樓是戒嚴重地，閒雜人等不准登臨。想不到四十年後，我卻在北平的八達嶺登上長城。

長城，中國人稱萬里長城，東起山海關，西至嘉峪關。經過遼寧、河北、熱河、察哈爾、綏遠、山西、陝西、寧夏、甘肅等省，全長實際是五千五百多里。如依山勢起伏而算，約有一萬二千多里，所以稱萬里長城。

長城是春秋時代，秦始皇吞滅六國後，爲防禦塞北的匈奴侵略中原而建立的。

長城工程浩大，依高山峻嶺而築。由山下往山頂看，好似直矗而立。據說築城的方磚每塊有兩平方尺，一尺厚。城牆最高處有三十尺，每隔一里設一烽火臺，就是炮臺。古時如有敵兵來犯，就燃起「狼煙」示警。「狼煙」是以狼糞晒乾而成，燃燒的煙直而高，風不易吹斜，古時稱戰火處處為「狼煙四起」。據說，太空人登陸月球，回望地球上，地球上的建築物惟有蜿蜒的長城可見。

我們那天去的是八達嶺段。由北平城內去，在前門或展覽路有遊覽車可以直達。我們是乘大弟向服務單位借的小型的旅行巴士，親友多人也同去。當日天氣晴朗，日麗風涼，一路經田園，過村莊。但是田園荒蕪，河流乾涸。大弟說北京今年乾旱，耕作收成都成問題。村莊屋舍依然是古屋，一片寂寥。到達八達嶺登城處，車子停在一處停車場，裡面早已停了十多輛遊覽車。司機說當天是星期一，遊客不多。週末放假和星期日停車場爆滿，長城上萬人頭鑽動，遊人擠得很，多數是國外的觀光客和少數的外省來的遊客。停車場旁有一排都市建築物，上面有大大的市招，市招上大大的字是「長城紀念品服務處」，我買了一張地圖和一封有圖片的郵簡。

這一段據說是專為觀光客開放的，是「板樣」段。修整得很好，登城有石階，石階有扶手。上城牆，展目前望路很陡，看樣子要好腳力纔能遊城。城上鋪著大塊的厚磚甬道，可供三輛計程車並行，寬敞整潔，外城是鋸齒型城垛，城內是矮牆。仰望遙見對山山頂的炮臺，探首城垛外，群山環繞。長城沿山蜿蜒沒入群山寂寂，山林茂密，野草萋萋。「萬里長城今猶在，不見當年秦始皇」，這句話不知是誰說的，登長城才知宇宙之大，人類生命的短暫渺小。

我坐在近處一座炮臺窗上小憩。由月洞門式的窗口望出去，風景如畫框裡的畫。同去的二弟告訴我，離此經過青龍橋和南口，火車行程不過半天，過了八達嶺就是居庸關。居庸關一帶風景美麗，有「居庸疊翠」之譽，是燕京八景之一。過了居庸關就屬於塞外區域了，風俗、人情、服裝、語言均與北平中原之地有別。

漸近中午，遊人漸多，長城上的甬道上不再寬闊。我在熙攘的人群中發現一小隊日本觀光客。他們有個特色，都是中老年人，領隊永遠舉著一面小四角旗，隊員們都沈默寡言，看不出臉上有喜怒哀樂的表情，像沈默的魚游來游去。我眞想唱那首「長城謠」：『……自從鬼子來，百姓遭了殃……。』不知他們登臨長城，看到他們侵略的鐵蹄曾蹂踐過的中國土地有何感想。

在長城根下的八達嶺城門洞，看到一隻披著大紅毛毯的駱駝，供觀光客騎坐，坐一次五元人民幣。我小心翼翼的由旁邊的梯子爬上去，別看駱駝是龐然大獸，倒很溫馴。「喀喳」

一聲，大弟給我照了一張「八達嶺前騎駱駝」的鏡頭，留下探親的回憶，做爲異鄉說夢痕、慰鄉思的片影掠光。

北平今昔

北平，相信在臺灣很多沒有到過這個地方的人，都對它耳熟能詳。因爲它是：

中國歷史上有名的帝王之都。中國北方有名的大都市。

北平是中國自古以來的文化、古蹟、人文薈萃之地。還有流傳至今，可愛的風俗人情，市井小吃，以及中國人豁達優閒的生活情趣。還有那名揚中外的皇朝建築故宮、頤和園、天壇、郊外的十三陵，以及中國最偉大建築萬里長城的八達嶺段。

四十年前，我曾到過北平兩次、這次回鄉探親是第三次去了。

第一次到北平，我隨著父母由瀋陽到北平，住在一個客棧（旅館）裡準備到南方去。到的那天太晚了，第二天一大清早醒來，我一個人跑到客棧大門口看熱鬧。其實北平清晨的街上很冷清，我只看到一個人挑了兩桶水橫過街頭。突然遠處有叮噹鈴聲傳來，順著鈴聲望去，只見一群背上長著大包，長脖子細腿的怪獸絡繹而來。我有點害怕，又很好奇，躲在門後偷偷看牠們慢騰騰地走過去，後來知道那就是駱駝。這是我生平第一次看到駱駝，牠們那從容地一步一步慢騰騰地向前走的姿態，和大嘴巴不住咀嚼，滿口白唾沫的怪樣子（駱駝是反芻類動物）給我的印象很深。想不到這次到北平遊長城，我在城門口騎上了駱駝拍了一幀「駝上英姿」的照片。照片上看起來，我是英姿煥發，頗有女中豪傑相。其實鏡頭外有很多護駕，我才戰戰兢兢地爬上駝峰的。

昔日北平的自來水不普遍，市民多吃井水，日常燃料是煤球。煤很重，就用駱駝來馱運。駱駝是任勞任怨的動物，能在沙漠中長途跋涉，所以文學家以「任重道遠」來讚美牠。這是我對北平第一次印象。

第二次我爲了考學校，住在西皇城腳下的父執家。現在只記得寂靜的胡同，有涼爽大門洞的四合院，有蟬鳴。那時正是盛夏的七月天，一進胡同就聽見聒耳的蟬鳴，因爲胡同裡樹很多。

這一次到北平和第二次相隔了已有四十二年，我由青春少女成了老婦。北平，隨著歲月的流轉，也不復有昔日風貌。

北平現在分舊城和新社區，舊城是繞著故宮周圍幾里的東單牌樓和西單牌樓，以及天安門、王府井大街一帶爲主。建築物古老陳舊，昔日的胡同更冷清，四合院大都成了低收入者居住的大雜院，髒亂破敗，老屋十九塌圮。坐在公車上留意窺視，雖是驚鴻一瞥，依然看出陋巷中居民生活的艱苦。

新社區都是昔日的郊區，有舊公寓，有新的高樓。由於鄧小平的政府搞現代化，北平正積極地在新社區蓋高樓，開闢新馬路。

北平，惟有一樣沒有改變的是樹多，尤其是路樹，密密匝匝高大的路樹，托襯得馬路很雄偉。當然，也是由於這些馬路上車少人稀，而北平人大多騎自行車。

中國威尼斯—蘇州

「巷巷有橋，戶戶臨水」——中國的大運河貫穿市區，又濱臨太湖的「蘇州」，是中國的威尼斯。

蘇州位於江蘇省東南，氣候溫和，景色秀麗，物產豐富，是江南的魚米之鄉。「上有天堂，下有蘇杭」，被視爲人間福地。

蘇州從西元前五百年吳王闔閭築城，至今已有二千五百多年歷史，也是文化名城。

「綠城東西南北水，紅欄三百六十橋」詩人把蘇州城小橋流水的風光，鮮活的寫出來。我初臨蘇州城，驚訝的卻是那枝椏粗壯的梧桐行道樹。古梧桐枝葉交纏攀成綠之棚，車行其中，如穿越綠色的隧道。梧桐爲落葉樹木，夏日枝葉茂密，可以遮陽光。冬日茂葉落盡，僅餘枝幹，又重見冬陽，是很具巧思的都市行道樹建設。

走在蘇州城內，常覺古意盎然；眼眸前剛掠過一角龍盤懸簷，又來到一面花牆雕窗前。蘇州住宅傳統的庭園之美，他處罕見，也代表蘇州地方文化的歷史。

蘇州有宋、元、明、清諸朝所建的名園，都有不同的風格和藝術的特色。宋朝的「雙師園」，元朝的「獅子林」，明朝的「留園」。尤其「拙政園」，建於明朝正德年間，引太湖之水，運太湖之石，池塘假山，曲徑迴廊，畫梁雕棟，處處洋溢著中國藝術之美。

由蘇州整個市容中，顯現出水城在拮据歲月中的蒼老：巷橋朽圮，運河畔的危樓，河上簡陋的木船，污濁的運河水。

地陪指著渾濁的運河說：『從前這條運河是蘇州運輸的要道，舟船南北往來，日常用品，青蔬魚蝦，一大早由河船運來，臨河居住的人家，就開了後門和船家交易買賣。現在這條運河已沒落了。』

這條人工開鑿的運河，是全世界著名的最長的運河，全長一千八百九十九公里。由浙江的杭州市起，經江蘇、山東、至河北的通縣。河身分段開鑿，時間不同，歷經吳王夫差，元朝仁宗，到隋煬帝朝代始告完成。當年爲南北最重要的水上運輸道，曾風光一時。

『蘇州舊城下水道狹窄，改換不易，居民仍沿用古老的馬桶衛生品，沿河的人家每天把排泄物傾倒河裡，加上河道淤塞，河水已呈黑色，被稱爲「墨河」了。』健談的「女地陪」一打開話匣子，就毫無保留的侃侃而談。

『蘇州的名勝古蹟，是我們蘇州地方搞活經濟的「聚寶盆」，蘇州最大的歲收是觀光稅收。這些錢用來修葺保護名園古寺，剩下來的先蓋觀光大飯店，接待臺灣的觀光客。大概因爲同是「同根生」的同胞吧，對大陸有懷舊尋根的心理。蘇州的觀光客，以臺胞最多。』女地陪能說善道。頻頻用話向我們拉友情。

『今天大家住的是四顆星級大飯店，這種飯店蘇州人是住不起的。有人一輩子都沒有機會踏進去，住一宿化掉一個月的工資，全家只有喝西北風啦！』吳儂軟語的京片子，響著調侃的笑聲。

到了蘇州，不能不去瞻仰「寒山寺」。

『月落烏啼霜滿天，江楓漁火對愁眠。姑蘇城外寒山寺，夜半鐘聲到客船。』這首唐朝詩人張繼作的「楓橋夜泊」七言律詩，把「寒山寺」打出了知名度。

「寒山寺」是運河橋畔的一座寺廟，因唐代高僧寒山、拾得落腳於此而得名。據傳說唐朝張繼當年屢試不第，有一次乘船到了楓橋附近，在此停泊過夜。夜裡在船中看江上漁火，心情落寞難以入眠，忽然聽近在咫尺的寒山寺內傳出鐘聲，乃寫出當時的心情。由於這首詩，張繼聲名大噪，後來中了進士，也因此把寒山寺的名字打響了。

「寒山寺」現在也成了觀光名勝。據說在文革時代，在紅衛兵的破四舊下，也遭到破壞。現在經過整修，寺內曲欄回廊，綠樓紅牆，大雄寶殿神佛全爲耀眼的金身。而寒山、拾得這兩個忘年交的高僧，其塑像栩栩如生。另有聞名的鐘樓，是一涼亭式的二樓，「寒山寺的鐘」即掛二樓上，遊客可以登樓敲鐘祈福，因此鐘聲嬝嬝不斷。因爲是「祈福」的鐘聲，聽來不似張繼感覺的那種「客旅悲涼」。

蘇州是一個如詩似畫的城市，那江南特有的柔媚風光，融合著藝術的建築，散發出嫻雅的風貌。街上最多的交通工具是自行車，蘇州人騎著車從容的往來街道上，那神情溫和中帶著冷靜，大概就是這種性格，蘇州人經過戰亂、浩劫，依然保持他們的嫻雅從容。

「畫」我桂林

飛機飛臨桂林上空，立刻知道已到桂林。群山聳立，煙霧迷濛，由機窗下瞰，大地是一幅煙雨濛濛的山水畫。

「桂林山水甲天下」，桂林的奇山秀水，早已名聞遐邇。

「夜上海，霧重慶，雨桂林」，是大陸上美麗的景色。那天桂林下著雨。

飛機接近地面時，我發現在群山環繞，煙霧迷濛的畫裡，還有一座黃色宮殿的建築物，展示出它的華貴氣派。

『大陸雖窮，但他們所建的廟宇倒很華麗。』後來「地陪」告訴我們，那不是廟宇，是供觀光客落腳的觀光飯店。

「乍見驚是夢，卻是景物全非」。我這兒時曾是桂林的過客，卻在記憶的匣盒裡，頻頻翻尋四十多年前那幅「桂林山水」畫。

那時我就讀桂林水東門的小學，學校後面就是一座巍然聳立的高山。

桂林的山奇特風貌，不止是拔地而起，而山山多洞。小學校後面的山，有一個廣寬而深的大洞，是躲空襲的最佳避難所。那時常常有警報。每次警報聲響起，我們就放下課本，老師是爲首的母雞，我們是群嘰嘰喳喳的小雞，直奔山洞。小雞們不識愁滋味，進了洞都不安分，擠在洞口，探頭探腦，翹望天空。看那藍天上深處，有一點兒閃閃發光的銀灰影子，就歡呼：『來了，來了。』全把老師的告誡叮嚀忘記了。幸虧那些都是我方迎戰保衛領土的飛機，不然，這群無知的小雞就是最易找尋的轟炸目標。

在記憶中，四十多年前那幅「桂林山水畫」，是清靈的素描國畫，奇山秀水，麗質天生。而眼前的這幅，有西畫的濃豔。奇山秀水間點綴了高樓華廈，昔日那古樸的家屋，已黯然失色。只因它們已被時光摧殘成陋巷朽屋。

當然，也不能一概而論，廣袤的大自然景色，總有人類斧鑿不到的地方，那個地方就是「漓江」。

「桂林山水甲天下，陽朔山水甲桂林」。其實，陽朔迷人的山水都在漓江去陽朔的兩岸。

「群峰倒影山浮水，無水無山不入神」，坐在航行於漓江上的江輪中，登上船頂平臺，視野遼闊，遠處山山相連，峰峰相接。漓江的水，以迤邐的手姿，流向山深不知處。一路上千峰倒影，水中有山。千形萬狀的山，有稱「石筍翠屏」，有稱「象鼻駝峰」，有稱「九馬畫山」，任憑想像，眼前的山峰，就隨心意而轉，幻變成萬千景象。常常山繞水轉疑無路，卻是群山倒退，麗水迎面，柳暗花明又一村，又是另一片天光雲影，群山脈脈的新天地。

這幅大自然的山水畫，到了陽朔，捨船登陸，就換了另一幅畫景。

「陽朔」不是山水畫，是人間生活的百態圖。由江岸往上走，是一條斜坡的街市，街兩旁，鱗次櫛比的攤販，正列隊迎接我們。賣藥材、玉石、畫、書法、服裝、土產、吃食的，一波又一波，絡繹於途的觀光客，在窄窄的街道上摩肩接踵，把攤販上的東西都當做「奇貨」，品賞、把玩、撫摸，留連不走，然後大方的掏出荷包。

這些觀光客，是攤販眼中焦點，企求的眼神，熱切的呼喚：『臺胞，來看，便宜呀！』跟著臺胞緊追不捨的是一群拖著鼻涕，污黑大花臉的小乞丐，用稚嫩可憐的聲音乞討：『臺胞！給一百元臺票吧！』

想到「地陪」的叮嚀：『不要在觀光定點的攤販上買東西，玉石、字畫都是假的。有小乞丐跟著，別理他們，善門難開，給一個來一群。讓你會脫不了身。』內心在給與不給中掙扎了很久，還是狠下心，不顧那些小可憐，掉頭而去。我也有另一種想法，這種童年往事，對他們的成長有何種影響？我要讓這些還不懂自尊心的小孩，知道乞討並不是容易做的事。

回到車上，遊伴們互相展示選購的寶貝：有假玉石，假畫，假藥材，穿在身上並不起眼的「獨特」的服裝。大家氣惱、憤怒，我卻收起自己花了「眞」價錢買的假玉石，內心有一絲寬慰：『沒給小乞丐一百臺票，多花些臺票給攤販也算了。』

因爲，陽朔這段的畫不美麗。它如梵谷的畫，在我心上印烙著沉痛的感覺。

十里洋場今何在

我又到了上海。

上海位於長江三角洲，是中國大陸優良的港口，也是大陸濱海的最大商埠。以經濟發達，地方繁榮著稱的上海，有「冒險家樂園」之稱。在上海，有一夜致富的窮人，也有瞬間淪爲窮人的富翁。它那紙醉金迷，城開不夜的榮華景象，更被稱爲「東方明珠」「東方巴黎」。

我第一次到上海，是抗戰勝利後，隨家人返鄉路過上海。在上海等船北上的日子，一票難求。每天一大早，母親與另一家同行的世交伯母，跑船公司等票。兩家孩子，都是好奇好動的年齡，不耐枯守旅館，在兩位母親出了旅館的門，就結伴浩浩蕩蕩去逛上海大街。

我們住的旅館在鬧區，白天車水馬龍，夜裡燈火輝煌，不遠處就是摩電車站。近處，我們安步當車的逛逛，遠處，就搭摩電車，到有名的雜耍遊樂園「大世界」照哈哈鏡，看自己的怪模樣，或戲臺上孫悟空大翻觔斗。再到四大百貨公司，乘滾動電梯，看穿梭其中的紳士淑女。晚上路過「百樂門」舞廳，驚詫那耀目的霓虹燈和進出的紅男綠女。還有靜安寺路上高貴歐式的橱窗，霞飛路上婆娑的梧桐行道樹，外灘公園，外白渡橋、黃浦江邊看船……。上海在腦海中，還存著很多記憶的影像。所以到上海，我是懷著舊地重遊的心情。

到上海是中午時間，善解人意的「地陪」先領我們遊市區，認識上海。

遊覽車繞大街過窄巷，處處是蠕動的人群，所見是灰暗古老的建築物。

『哇！大世界還在。』遠遠看到「大世界」的市招，有故人別來無恙的驚喜。只是啊，朱顏已改，像未經化妝的老婦，四十年歲月的滄桑，都寫在臉上，衰老又暮氣沉沉。

『這兒是黃浦江的外灘。』地陪指著車經過的海邊。我伸長脖子張望這個我第一次看海的地方，但是沒有大洋船的影子，只見桅杆充斥擁擠在岸邊。聳立在不遠處的海關大樓和滙豐大樓，也沒有往昔岸然的風采，顯得古老寒傖。

一路行來，腦海中貯藏的影像，一一消失，我猶如來到一個陌生的城市。四大公司，改爲國營。「百樂門」的拆蓬聲早已沉寂，霓虹燈不再閃耀。一些路名已改爲延安路、解放路，外灘公園改名爲人民公園，跑馬廳現在是人民廣場。十里洋場，昔日城開不夜，終宵達旦，燈光如畫，而今繁華不再。

大家的眼眸隨著「地陪」的解說流轉。初履上海的團友，久聞上海盛名，一路頻頻問：

『這就是上海嗎？』語氣透著失望和不相信。也難怪，連我這重遊之客都感喟：『這顆東方之珠，怎麼會由耀眼的光彩，敗落到如今的黯然無光？』

上海雖是商業都市，但有名勝古蹟。譬如江灣區的玉佛寺，內有價值連城的玉佛。是光緒年間由一個高僧從緬甸迎回來的佛像，也是惟一沒有被紅衛兵破壞的佛像。

另外城隍廟，建於明永樂年，前面有大水池和九曲橋。原是一座古香古色，優美的寺廟，現在淪為小市民遊逛購物的市場。沒有城隍菩薩判官等神明塑像，全是賣雜貨吃食的小店和攤子，髒亂又擁擠。惟一保持文化水準的是廟院有個「豫園」，佔地廣闊，建築宏偉。園內有水池假山，湖心亭，遊廊樓閣，山石溪流，十分精緻幽雅。據說是明朝一位官宦，以十八年時間為其雙親建造的花園。可惜鄰近嘈雜的城隍廟，使那遊園的幽趣減去很多。

由路上的行人，逛城隍廟和遊園的當地人看來，他們清瘦的面孔，樸素保守的衣著，顯示上海市民的生活也很清苦。當年的上海，無論是衣食住行，都走在時代尖端，是個時髦的繁華都市。

「江山依舊在，幾度夕陽紅」。在坎坷歲月中，盡失光華的上海，老態畢現。據說大陸要重建上海，恢復它那十里洋場的風光。重建是一個艱巨的工作，而時遷境移，很多地方也不可能恢復舊觀了。

坐在遊覽車裡，以懷舊的心情，我頻頻自問：『十里洋場今何在？』

第二輯　松花江畔好風光

作者戲著清朝王爺裝照於北陵公園内

我回哈爾濱

朋友聽說我要回哈爾濱，都瞪大眼睛驚訝地說：『好遠哪！』

想像中的確很遠，因爲哈爾濱在山海關外的東北，是黑龍江的省會，黑龍江和中國大陸北方的蘇聯毗鄰。我們此去要取道香港進入廣州，由廣州前往，是由東南到東北，橫越中國大陸。中國大陸幅員遼闊，在往昔要登船坐火車，長途跋涉個把月纔能到達。而今科技發達，坐飛機繞地球半個圈兒都會朝發夕至，我們由廣州的「白雲機場」搭乘飛機，直達哈爾濱四個小時就到了。據說這條航線在今年三月間纔開闢的，每日只飛來回兩班。上午由廣州飛哈爾濱，下午由哈爾濱飛廣州。

我說我回哈爾濱，其實不應該說「回」，因爲我不是哈爾濱人，也從未到過哈爾濱，因爲嫁個祖籍哈爾濱的人，嫁雞隨雞，也成了哈爾濱人。況且這次回去除了探親，還要掃墓祭祖，所以我說「回」哈爾濱去。

我雖然沒到過哈爾濱，但是我是東北人，兒時常聽祖母講哈爾濱的種種。祖母有個妹妹嫁到哈爾濱，祖母曾三度去做客。在祖母口中的哈爾濱，是個美麗的有外國風光又神秘的城市。那兒的建築是「俄羅斯式」的。那兒的冬季長，夏季短，四季分明。冬季雪花飄，大地冰雪一片，春天，一江碧水破冰泛出，樹綠花豔。深秋，郊野山谷間紅葉簇簇叢叢碧水清溪送走落葉。那兒的姑娘漂亮又大方……。兒時的記憶未淡忘，我是懷著既興奮又懷疑的心情回去的。興奮的是可以一窺哈爾濱神祕美麗的風貌，懷疑的是經過歷史上苦難劫數的江山如昔否？

那天天氣非常好，碧空如洗，萬里無雲，飛機很平穩。機窗外蒼穹能見度極佳，俯瞰機翼下，河山如畫，城廓叢林清晰可見。游目遠處，海闊天空，一望無際。心中油然生出壯麗河山，偉大中華的驕傲感，同時也有「如何來愛護我們這一片大好河山」的感觸。飛機飛臨長江上空時，隨機服務小姐特別提醒大家，下面是長江流域一帶。我迫不及待的湊向機窗前，只見機下長江如帶，蜿蜒自天邊來，又蜿蜒隱入天邊去歷歷可見，武漢三鎮的城廓呈現眼底，長江大橋橫架兩岸如畫如照。多少年了，屈指算算快近半個世紀了，我還是垂髫小女孩，爲避戰亂隨家人逃向湘桂區，路過漢口，住了一個多星期，候船南下長沙。當年童騃小女孩，而今歸來已是歷經世事的老婦了。伏望機窗外，心頭的感慨使眼熱鼻酸。

由廣州一時半起飛到哈爾濱是五時半，是當地夏季的近黃昏時刻。飛機快降落地面時，只見橘紅耀眼的陽光，灑遍機場。

機場無攔無遮，使我感覺很像一處原野。房屋稀少，停機坪上停留的飛機只有三兩架，顯得空曠，又透著荒涼；和我所見的大都市忙碌飛機又多的景象不一樣。我在心中不禁問，哈爾濱是黑龍江的首都，又是東北的國際都市，機場怎麼會如此冷清呢？更使我驚奇的是下了飛機，走過機場候機室，出入境必經的候機處，竟然是出奇的小和簡陋的「小」廳。整個候機室就如臺東離島蘭嶼機場那間水泥房子。

海關臺上有兩個檢查人員，好在乘客不多，很快臨到我們這一行六人的「臺胞」。兩人檢查得很仔細，據說這是天安門事件後的後遺症，對臺胞的檢查比較嚴格。

東北最懾人心魄的景觀是廣大，車子開向城裡的路上，哈爾濱給我的感覺也是天寬地廣，機場通向城裡的路筆直沒有彎，沒有盡頭。高樹夾道如衛兵，路上車輛稀少，車子疾駛其上，風聲呼呼，約行四十分鐘路旁纔有村舍，接著看到都市的人煙。

一路上所見是天蒼蒼野茫茫的大平原，此時所見是古意盎然的街道，年久失修古俄羅斯高大的建築物，和一些座落其中現代化的新建高樓大廈。看樣子這個古城剛開始建設，它的神祕面紗依然存在呢！

古城哈爾濱

「我的家在東北松花江上，那裡有森林煤礦，還有那滿山遍野的大豆高粱……。」火車轟隆轟隆的走在東北大平原上，我想起這首流行了六十多年，訴盡中國人悲苦，中國人歷史傷痕的歌，眼眶不由得濕潤起來。

我和丈夫是由北京搭乘北齊鐵路的火車，回他的家鄉哈爾濱探親。軟臥的火車只停幾個大站：天津、山海關、錦州、瀋陽、長春、哈爾濱、齊齊哈爾。火車到了山海關，這條路就變成我心中的懷鄉之弦，時時被撥動往事的記憶。

火車在山海關火車站只停了幾分鐘。山海關城裡路樹全是榆樹，所以又稱「榆關」。勝利後我家曾在此住了一年，榆樹處處的大街，幽靜的小巷，北方的四合院住宅，民風淳樸，是住家的好地方。那時只有火車站這一帶透著繁華都市的風貌，現在幾分鐘的停留，看不出有何變化，畢竟四十年前的事，記憶已模糊。看慣繁華現代的大部市，只覺它落後老舊，不知城內景物依舊否？

車到瀋陽正是中午，有小販登車販賣吃食，此站因交會列車停留稍久。

四十年前到瀋陽考大學，是單槍匹馬赴考，住在東大校園內教授宿舍。趙伯伯是父親同班同學，時爲東北大學工學院系主任。考上後住在漢卿樓學生宿舍，未及兩年，瀋陽時局突變，匆匆離校，在異鄉彈指四十年。

四十年前初到瀋陽時，是在一個落雪的深夜，四週白皚皚的覆雪，看不透瀋陽火車站的景色。現在在亮麗的正午陽光下，才識廬山眞面目。

瀋陽不愧是東北重工業的大都市，站內鐵路網如人體內的血管脈絡，縱橫交錯。長長的運煤車廂上的煤，如黑金礦般在陽光下閃射著青光，巨大貨櫃車正升火待發，這個蟄伏了四十年的工業大城，已在大陸經濟搞通政策下復甦，發揮它豐富資源的潛力。

但讓我更驚奇而嘆爲觀止的，是火車行駛在東北大平原那種壯觀的景色；一望無際的沃土平疇上，人煙稀茫，多的是遠方移動的莽莽森林。九月，恰是涼秋時節，秋天的田野是沒入天邊的黃土地，和殘留在黃土地上收割後的枯梗堆。偶而有一處土牆土屋的農舍出現。看到的是衣服襤褸的村童，和衣著單薄的農婦，及牽著老牛的村夫。他們靜靜的站在黃土地上，漠然的看著火車駛過。似乎這片有著盛產高粱大豆榮譽的東北大平原，並沒有使它的子民富裕。

抵達哈爾濱，哈爾濱的火車站正在翻修改建，月台上一片混亂。人多路塞，不知何去何從。幸虧來接車的小叔是站裡一個單位的主管，領著我們抄近路走另一條「工作人員」才能走的通道，很快出了車站，這大概是走「後門」。

坐上向鐵路局借來的車子到下榻的旅館，這一段路是哈爾濱市區最精華的地方。我初履斯地，感覺上彷彿到了電影上看到的莫斯科、列寧格勒。

哈爾濱由於緊鄰蘇聯，日俄戰爭曾以東北做爲戰場，俄人勢力殘留哈爾濱、齊齊哈爾一帶。哈爾濱市區的很多建築物都有濃厚的俄羅斯風味；圓而尖的紅屋頂，高大宏偉的建築，鋪著巨卵石塊的馬路。

哈爾濱雖是個大都市，但街上往來的行人都一派的悠閒，還有的行人逗留在馬路欄杆間眺看街景，路上汽車不多，馬路顯得特別寬而清淨。

倒是路旁的攤販很多，賣衣服飾物、水果小吃，行人經過都會駐腳看看，問問價錢，欣賞一番。

路過一處百貨公司，古香古色的門面，有六層樓高。坐在我身旁的姪女兒告訴我，這家是全哈爾濱市區最高級的百貨公司—秋林百貨公司。

我回首看那車後漸行漸遠的「最大的」秋林百貨公司，彷彿看到台北迪化街那些已被視爲古蹟的大商號建築。哈爾濱給我的印象，它依然是個古城。

我問來接我們，坐在我身旁的姪女兒：「哈爾濱好像沒有新式的建築。」

「有哇！這一帶屬於舊市區，新市區在另外一個地方，明兒格我領您老去逛逛！」

是的，回來一趟不容易，我要各處看看，看看中國這個最北方的城市各種風貌。

茫茫原野尋祖根

「愼終追遠」是深植中國人心中不忘故去親人的觀念。懷念祖德、祖蔭是感恩心情，以及孺慕之情的人性。這次回哈爾濱探親，除了看望親人故舊，祭祖掃墓也是另一個心願。

兒時記憶，在老家的四合院中，有一間專供祖先的房間。那間房間在所有房間正中，那間大廳上供著祖先牌位，前面的供桌上常年香煙繚繞，花果不斷。初識字的我，首先認識的字就是祖母教我的「愼終追遠」四個字。祖母早年守寡，在是非紛爭多的大家庭裡，含辛茹苦帶大三個孩子。獨子的父親長大後，在外讀書做事，如候鳥般來來去去，悽苦寂寞的歲月，使她深信神明之說。她相信祖蔭會庇護她及她的子媳孫輩，供桌上早晚三炷香，表示她的祈禱和感恩。童稚的我繞膝依祖母，學會膜拜，也學會讀「愼終追遠」這四個字。

另一處記憶深刻的老家「祠堂」，堂內供奉著我們這一姓的列祖列宗，每年的三十晚上和正月初一大清晨，是族人爲祖先「辭歲」、「拜年」的家族大典，平日冷清人跡罕到的祠堂，這兩個時間內突然熱鬧起來。族人團拜的場面浩大又感人，現在追憶當時情景，那種場面無形中也啓發宏揚了族人的「孝思」。

然而，戰亂和世界潮流的變化，使數不清的中國人離鄉背井，漂泊經年，相信這種家族祭典的場面已不易見。卻沒想到四十年的時間，家族的祠堂充公，成了鄰里雜居的大雜院，每家也沒有大廳供祖先的神位，連祖塋都鏟平，他鄉遊子歸來欲祭也無從祭起了。

我們回到哈爾濱後，小叔告訴外子：『祖塋沒有了，但是地方還記得。四人幫垮臺後，我找人立了碑，祭祖如祖在，我們去燒個香，磕個頭，盡個心意吧！』

去的那天天氣陰沉，飄著牛毛細雨，姪女婿向服務單位借了輛麵包車，一家子三代，最小的是姪女的五歲的女兒，浩浩蕩蕩出發。

在地理位置上，外子也算是吉林省雙城縣人。他家的祖塋在黑龍江和吉林交界處，地屬「雙城堡」，由哈爾濱坐汽車約有三小時的行程。

車子出了城，越走天地越遼闊，東北大平原一望無際。在平原上除了莊稼，還是莊稼，在莊稼地裡偶有一些村莊，這些村莊多是頹牆破屋，泥巴路。其間也有紅磚小屋，姪女說那是地方單位建築的模範村，知識分子的黑五類是住不進去的。走在鄉間所見，惟一夠水準的是我們車子走的那條公路，路筆直，看不到盡頭。路兩旁高大的樹，如羅列的衛兵隊伍，很是壯觀。司機說，這條路纔開闢五年，可以直達長春市。

行行復行行，車子駛離公路，彎進一條泥巴鄉道。鄉道兩旁是稀落的陋舍茅屋，路很顛，人坐在車上東倒西歪，車走在坑坑窪窪的窄路上如跳「曼波」，我們彷彿到窮鄉僻野來探險。一群村狗追著車狂吠，村童也尾隨著車看這群陌生客。此行我們是來接一個務農的本家，只有他知道祖塋的所在地。

接了這個嚮導，車子又駛上公路，不久停車說到了。我們下了車，我站在公路旁展目四眺，周圍眞是天蒼蒼野茫茫，一片岑寂。就在這寂靜的天地下，我在一片高粱地盡頭發現一個小小的石碑，孤零零地立在田壟上。我們相扶走下公路的斜坡，潮濕鬆軟的泥土沾滿了鞋子。

到了石碑前，細讀碑上題字，落款是三年前的題字。嚮導的本家用手中的木棍在四周揮一圈說：『就是這塊地方了。』大家把從車上拿下來的香、水果和冥紙，供在石碑前的地上，燃香行禮跪拜下去。不是迷信，只是表示心意和尋根的意願。我也對著草原，對著路樹，對著高粱地拜著。雖然看不到祖塋，但是生我育我的大地就在我的腳下，在異地多年，我忘不了這塊土地。而今迢迢不辭千里跋涉而歸，要踏一踏故鄉的土地，因爲我的根就在這兒。

松花江畔好風光

站在「松花江」邊，我默默的看那九月的江水。由看不見源頭的遠方悠悠的流過來，又悠悠的流向無際，看不到彼岸的遠方流去。

東北的陽曆九月，是剛臨農曆八月初秋的季節，是已涼天氣未寒時，江風有著涼意。秋高氣爽的天氣，使「松花江」美得讓人目不轉睛：藍天如洗，江水平靜澄碧。而遠處通往「佳木斯」的松花大橋，在遼闊的江面，以栱橋圓欄的姿態橫跨在江兩岸。橋下有汽艇、小船穿梭往來。江中心的「太陽島」掩映在遠處綠樹叢中——松花江展現著風景如畫的美麗。想像不出半個世紀前，不，一甲子前，由於國際強權的蠻橫侵略，它曾遭受到腥風血雨的迫害，使數不清的中國人逃離家鄉，在異鄉成了心中的「最痛」，在流亡生活中成了「最愛」。聽：

「我的家在東北松花江上，那裡有森林煤礦，還有那滿山遍野的大豆高粱。我的家在東北松花江上，那裡有我的同胞，還有那衰老的爹娘……。」

這首歌唱過了抗戰流亡的歲月，由國內唱到國外，由大陸唱到寶島，由年輕唱到垂老，那是訴說思鄉之痛，訴說著對鄉土的愛。

在大陸開放探親之初，流亡在異鄉的青年，而今在異鄉老去東北人，不辭跨國越區的奔波，紛紛回鄉探親。

但歲月對人類是殘酷的，「幾度夕陽紅，青山依舊在」，可是人事已全非，父母多見背，即使熬過世事的摧殘，但已是風中殘燭。手足多星散，見面同悲老。舊居已無跡可尋，面對的是個完全陌生。惟有歌中的「松花江」依然和青山同嫵媚。

而我這個從未見過「松花江」，少小離家的東北人，只因嫁了「松花江」畔「哈爾濱」市的人，成了哈爾濱的媳婦，才回來「探親」。但我和丈夫已無至親可探，惟一有血緣的親人，是他從未謀面，相差十五歲的同父異母的弟弟、弟媳及他們那一支人脈。因此，我此行「回鄉探親」變成了「回鄉觀光」。到哈爾濱第四天，我們便到松花江畔來觀光。

不去回憶那些悲慘的往事，只以觀光客，和觀光的眼眸來看「松花江」畔的風光，堪稱是風光優美的旅遊勝地。陪我們來的小叔和侄兒說「松花江」是「哈爾濱」市的驕傲，這話不錯。

「松花江」不但漁產豐富，對兩岸地域農田有灌溉的功用，對發電也有莫大的功勞。東北有名的「小豐滿發電廠」，是東北最大的發電廠，用松花江的水發電。而它傍城逶迤而過，沿江形成風光秀麗的遊覽區，四季有不同的風光。盛夏時間，江水晶瑩、海岸金沙細軟，是游泳、泛舟、垂釣的好去處。寒冬來臨，松花江冰封雪蓋，是乘冰帆、打冰橇、坐「爬犁」、溜冰的冰雪遊樂場。尤其冬季的「冰雕」展，兩岸展出的冰雕，晶瑩剔透，再以五彩燈光照射，眞是美得使人目眩神迷。座落在江南岸的「斯大林公園」「船塢公園」「九曲公園」聯成一串，形成了十里綠色長堤的風光，園內綠樹、花壇、草坪、雕塑欄干，還有畫廊別致的建築，與園內美景相映成趣，堪稱「藝術長廊」的世界。有一座建築物聳立其中，是「哈爾濱市人民防洪紀念塔」。原來「松花江」也有氾水期，每年的七八月是「松花江」水急潮高時。有一年江水氾濫，城裡陸地行舟，淹死很多市民，後來就在松花江的哈爾濱市區這一段，豎立了這座高約三層樓巍峨的防洪紀念塔，紀念那次水災時爲救助市民，搶做防洪工程而殉難的人。

由於已過盛夏季節，北方的秋天來得早，江畔已呈蕭瑟的冷清景色。惟有草木豐茂的「斯大林公園」依然有照眼的綠意。

「斯大林公園」內風光優雅，林道石椅，花壇雕像，尤其別具一格的「樹雕花塑」景致；有燈籠、小羊、小狗，表現出中國人對藝術的巧思，化腐朽爲神奇的巧手。美中不足的這個公園叫「斯大林公園」，顧名思義是紀念俄酋斯大林而起這個名字，使這座極富中國風光的公園有了瑕疵。

沒落的秋林公司

回哈爾濱的第三天，姪女兒提議去逛逛哈爾濱有名的「秋林百貨公司」。『這家百貨公司是咱們這兒最高級的商店哪！』姪女言下不勝得意，也透出這家公司有不同凡響的品質。

『好哇，我最喜歡逛百貨公司了。』我欣然同意。

一向喜逛百貨公司的我，無論到任何地方，都要抽空去逛逛當地的百貨公司。日本的三越，紐約的梅西，英倫的，巴黎的。何況『秋林百貨公司』在小時候就知道是家很「貴族化」的百貨公司，應該去見識見識。

我還記得有位長輩嫁到哈爾濱。她給我的印象深刻，因爲她的穿著打扮在當時很時髦。

民國二十年左右，哈爾濱到瀋陽坐火車最快也要一天一夜，所以這位長輩很少回來，一年之中只有正月十五前後纔歸寧一次。

正月十五前後，東北的氣候還很酷寒，她頭戴小皮帽，身穿貂皮大衣，足登長筒小蠻靴，手捧皮手籠，儼然貴婦。凍得白裡透紅的臉蛋，顧盼神飛的眉目，十足的美人胎子。她一回來就驚動全家，連我這個剛懂事的小丫頭都像跟屁蟲一樣，緊釘著她。因爲她全身充滿了新奇；亮晶晶的耳墜子，薄得像肉的絲襪，尖父十指上的寇丹，渾身的香味。這些是我在年輕的母親和嬸嬸、姑姑身上看不到的。聽家裡的老媽子們耳語，知道這位長輩嫁的是「長」字輩的大官，很有錢。有一次我傻傻地問：『姑婆，你穿的戴的都在那兒買的？』『秋林公司啊！』於是「秋林公司」在我的記憶中是個繁華世界。

「秋林公司」在哈爾濱南崗區奮鬥路與東大直街交叉處，建於一九〇〇年，是八十多年的老店，佔的面積有一千五百多坪，被稱爲黑龍江省的「六大企業」，是哈爾濱最大的百貨公司。

「秋林公司」外表是座古香古色、富有歐洲風味的大廈建築。原是俄沙皇時代俄人在哈爾濱建立的企業。經售的貨品應有盡有，大都是高級的奢侈品，是個以貴族著稱的百貨公司。

現在的秋林公司，不是私人企業，歸國營了。貨物種類包括了日用百貨、針織紡織、服裝鞋帽、五金電氣、文化體育、科研儀器、工藝美術、以及風味食品等各種商品。另附設有「友誼商店」「華僑商店」，顧名思義是優待外僑的地方。它的經營方針是「高檔精，中檔全，低檔保必需」。其意爲「高級貨品質好，中等貨種類多，低等貨實用」。

我們那天下了公車，穿過一條地下道，秋林公司就在地下道出入口處不遠的大街上。那天雖然不是週末假日，但是逛的人如織，走進公司摩肩接踵，很擠的。

樓下大廳爲化粧品部、玩具部、家電部、食品部。我們繞著邊看邊走，各部門都看了看。發現當地人民生活的程度，眞的比我們落後了二十多年。譬如賣的面粉，沒有伊利沙白啊頓、蜜絲佛陀，而是鴨蛋粉。還有漂白擦的櫻花粉，香水還是三星牌的花露水，裝潢也很粗糙。可欽佩的是看不到外國貨。家電部僅有電鍋、電扇、冰箱，都是小型的。因爲限電，買大型的費電。食品店的糕餅點心，都是中國風味的多，大概西點麵包成本太高？不過我倒看到四十多年未見的俄國大麵包、蕎麥色。像小臉盆大，硬梆梆的。至於玩具部，都是塑膠製品。

二樓是服裝部、手工藝部。由百貨公司的貨品品質看得出當地人民生活品質。他們所謂「高檔」品質的時裝，不過是我們地攤上的貨色。倒是一些手做的工藝品，刺繡、抽紗、縫的一些布玩偶，做工精細，花樣美麗，使人愛不擇手。

三樓是唱片錄音帶，文具書籍。看那架上鄧麗君、趙曉君、青山、婉曲等人的錄音帶，瓊瑤、楊子等人的小說，及那粗糙的紙張，單調的彩色，我彷彿走進時光隧道，好像回到臺灣二十年前的時候。

由秋林公司看出哈爾濱，現在像一個樸素的小家碧玉，五十多年前像姑婆那種貴婦人時代已經逝去。

俄國化的太陽島

中國幅員遼闊，北鄰蘇聯，西接帕米爾高原，東瀕太平洋，南臨緬甸泰國。因此，有些邊疆地方不免有些鄰國的彩色。譬如蒙古新疆大都有中東國家的景色，雲南有緬甸風光。哈爾濱北部和蘇聯緊接，自然有俄國的彩色。松花江中的太陽島，就是一個俄國化的中國地方。

站在松花江畔，是在六月底的時光，哈爾濱已進入夏季氣候。在接近寒帶，在亞寒帶的哈爾濱夏日，雖然早晚溫度不灼人，但是中午的天氣，還是讓人冒汗，正是游泳的好季節。

站在江岸，游目遠眺，只見江的兩岸淺水中，一群一群的兒童們，三五結伴，都是載浮載沉的浪裡白條——像快活的魚在「耍歡」（東北話，形容玩得很瘋狂）哪！

就在張望江水裡人魚娃兒時，發現江心有一塊爲綠樹蔭深處掩隱著的圓屋頂，上有紅瓦白牆精緻小屋的小島。陪我們遊江的姪女和姪媳婦，指著那江心島說：『那是太陽島，是風景名勝地區。』

『你們去玩過嗎？』我問。

『去不起喲，有錢人纔行。來回坐小船要兩塊錢，坐小汽輪來回要四塊人民幣。上去吃、玩一趟省著也要花十元人民幣。』姪女兒連珠砲般地說著。

算算，對她們可眞的是高消費額。公車票只有一角人民幣，買五塊錢的菜，雞魚肉都有了，可以辦一桌請客的宴席。對我這個「臺胞」而言，十多元人民幣，不過百元新臺幣。於是立刻萌過江一遊之意，讓我的親人也開開眼界。

江上的交通工具分「小船」、「划子」和「汽輪」。坐小船和划子別有情趣，可在江上逍遙遊。但快速舒服卻是汽輪，一艘汽輪，只有我們四個大人加一個小孩的獨家生意。等了半天，來了一個美國觀光客，只好開船。卻搭了幾個不花錢的「黃魚客」，反正多得是空位，走這一趟就賺夠了，何況「黃魚客」都是當地的老鄉親呢。

汽輪行至江中，兩岸遠了，江水寬了，上游下游一望無際。站在渡輪船頭，內心眞的湧起深深的感慨。江水悠悠，一去不回頭，流去了多少歲月，一旁矗立眺望江上風光的外子，他曾告訴過我許多在松花江畔的童年往事。昔日頑皮童稚，而今是白髮老人。他十四歲離家入關，到北平求學，至今已有五十多年沒有回來過。看他那癡癡的眼神，悵然的神態，是悼念逝去的父母？抑是失散無音訊的童年玩伴？

汽輪很快，不過十多分鐘，就到了太陽島的輪渡碼頭。踏上碼頭，我眞的被眼前這異國風光的著名遊覽避暑勝地——太陽島所迷。面積僅一千九百六十餘公頃，是松花江中的孤島。由於江水環繞，風景特美；白沙碧水，江天遼闊，綠樹處處，夏春之際，島上鳥語花香，林木蒼翠。島上太陽島公園有「水閣雲天」名勝，建築成中蘇合璧的別致式樣，古俄羅斯的色彩，和中國古香古色的遊園景色，啓人思古幽情。並有森林遊樂區，狩獵區。靠碼頭有特建的新式天然游泳場上風氣開放，游泳場不僅有兒童、男士戲水，還有女士們游罷在池畔躺椅上晒太陽，所穿艷麗的泳裝不輸西方的三點式泳裝。

大概因爲島上風景美，空氣新鮮，春夏日氣候溫和，療養院很多。我們在市區內走一圈，就看到工人療養院，省幹部療養院，建築的規模都很大。

在太陽島餐廳用午餐。坐位靠一排落地窗，可以看到江上風光，因爲它就建築在碼頭附近。

太陽島，風光明媚，氣候溫和，可惜俄國味太濃了，我有到了外國的感覺。聽說當地行政主權大都操持在蘇聯手中。

冰天雪地活水雕

在和家鄉親人通信後，去年冬天姪女兒寄來一張「賞冰雕」的照片。照片是在哈爾濱的兆麟公園照的，背景是一座玲瓏晶瑩、粉裝玉琢的透明冰雕四合院。姪女兒牽著她的小女兒站在一棵冰樹下，兩人都是一身寒冬裝束；頭戴皮帽子，身穿翻毛的皮大衣，足穿長筒的皮靴子，手套圈脖，全身只露了一張臉。姪女兒在照片背面寫著：

『大媽：你從小在南方長大，一定沒有見過冰雕吧？尤其像我們哈爾濱這種場面大的冰雕展。現寄上我們去看冰雕的照片，希望你明年冬天回來看冰雕。』

照片上的冰雕四合院，的確美得像廣寒宮的仙境。古香古色的四合院，大門前猶如珊瑚雕成的玉樹，展覽場內有五彩照明設備，藍色、粉紅色、淡紫色把這座冰雕成的四合院點綴得如人間仙境叫人迷。

「冰雕」，顧名思義，是以冰做材料，以藝術的手法雕成花、鳥、魚、蟲、人物、建築等形狀。由於「冰」本身是冰潔玉清，透明得如水晶，所以雕出的成品特別美麗奪目。

在臺灣，有一次到「來來飯店」參加一個酒會，會場中央擺了一隻冰雕的「魚」，雕得栩栩如生，晶瑩亮麗，成爲會場上的焦點。參加酒會的人都圍攏在四周，嘖嘖稱奇地指點，欣賞這條「冰雕魚」，嘆爲觀止。

的確，在臺灣看到冰雕不容易，因爲「冰」在零下的寒溫纔能形成。臺灣一年四季溫暖如春，經年都看不到霜花、雪片，更看不到結冰的場面。要看冰，只到冷飲店去看。近年依賴科技的協助，在特殊的宴會纔漸漸有冰雕出現。

在大陸北方，尤其亞寒帶氣候中的東北，冬天氣溫多在零下十多度二十度之間，最冷的地方低到零下四十度左右。

東北有句俗話：『臘七臘八，凍掉下巴。』東北地區每年一進冬月，霜雪不斷，遍地都是皚皚白雪。河水結冰，潑一瓢水在戶外，立刻成爲一堆冰。兒時堆雪人，打雪球仗。要滑冰，抓起一把雪，在地上擦一擦就出現了冰溝。要施展溜冰的技藝，附近的河塘在冬天都是天然的「溜冰場」。松花江冬天被冰封了江；結的冰層厚有數尺，十輪大卡車輾過上面，冰也不會裂碎。東北的冰雪要在春天纔解凍。所以冬天要做「冰雕」，材料是取之不盡，用之不竭的。

據說哈爾濱的「冰雕」用的冰，都是取自松花江的。冰雕師傅把冰弄上岸，就在露天下工作。

哈爾濱每年都有冰雕展覽，地點在市區的兆麟公園，稱爲冰雕藝術展覽，也是把松花江裡的冰鑿擊成塊，運到兆麟公園。

兆麟公園是哈市數一數二的公園，面積有七千多平方公尺，以花、鳥、魚的勝景聞名。盛夏園裡綠樹成蔭，小河碧波蕩漾，鳥語花香。冬天一到，樹葉枯落，花木都移進花房，鳥進了暖房，魚藏到冰層下的河水裡，於是冰雕藝術展就準備登場了。展出的有冰雕獅子、老虎、蛟龍、玉鳳和各種鳥類。最精采的是建築物。冰雕的四合院，不過是雕刀小試，有一年還展出冰雕的故宮三大殿呢！

可是這次回去，卻在酷夏，當然看不到冰雕。不久前，臺北的國際學舍展覽冰雕，場面偉大，表現出「人能勝天」的智慧大結合，轟動一時。我也未爲所動，只因爲冰雕雖美，但是在寒氣襲人的酷寒下，凍手凍腳的冰天雪地裡看冰雕的滋味不好受，因爲我嘗過嚴冬的酷寒滋味。

再會吧！瀋陽

「芝蘭讀書會」是木柵婦女界成立的書香集會，由女作家，也是木柵婦女會理事之一的李銘愛女士主持。忝為文友，成立那天，我去捧場做貴賓，竟然遇見了兩位東北的同鄉。

「老鄉見老鄉，兩眼淚汪汪」，雖然我們素不相識，但是異地相逢，同是天涯流浪人，感到非常親切。年輕的那位說，我的媽媽是遼寧人。年長的那位說是開遠人，在瀋陽讀書，畢業後教了兩年書纔到臺灣來。

國語日報讀者多，老少咸宜，她們看到我在少年版上寫的「故國情懷」專欄，知道我最近又回東北探親。「君從故鄉來，應知故鄉事」，頻頻相詢故園近況，我們暢談瀋陽的今昔。

離開哈爾濱到北平，我們搭乘火車由哈爾濱經長春、瀋陽、錦州、山海關、天津，到北平。到瀋陽是下午兩點左右，因為車要加水（這班火車是燒煤的老火車頭），等對方來的車，車要停很久，乘客都下車活動筋骨，我和外子也下車走一走。由站內遙望站外城中，後悔沒有把到瀋陽定在行程裡。舊地重遊，看看瀋陽現在的情景，只能站在站內做短暫的一瞥。

我和外子在瀋陽相識。我是勝利後剛考進東北大學的新鮮人，他是剛出校門的工程師，隨服務機關到瀋陽東北水利總局工作。東大抗戰的時候曾經遷往四川三臺縣，勝利後遷回瀋陽北陵原址。北陵是清朝皇太極的墓陵，是風景區。

北平的故宮，名聞遐邇，其實瀋陽的故宮纔是清朝的發源地。瀋陽的故宮又稱「盛京宮殿」和「陪都宮殿」，是清太祖努爾哈赤和清太宗皇太極的宮殿。清滅了明朝，清王朝遷都北京，這兒就成了陪都，每年只是在祭祖、掃墓、避暑時纔來。

瀋陽故宮，分東陵、北陵兩處。東陸又稱福陵，是努爾哈赤和皇后的陵寢。北陵又叫昭陵，是清朝第二代皇帝皇太極和皇后的陵寢。由於風景優美，課餘假日，同學們常來此地散步。瀋陽最大的一條市區渾河流經此地，夏日綠草地，垂楊柳，風光旖旎。東北的冬天冰天雪地，別有情趣，大地白雪皚皚，樹枝光禿，一片蕭索。但是結了冰的渾河上卻是另一番景象。男女同學在天然的大冰場上翩翩飛舞，有些溜冰技藝高超的，更是看得人嘆爲觀止。我和外子也曾是冰上客，只是我們都在南方長大，初學乍練的時候，吃了不少苦頭，跌得臀部發青，但是樂此不疲，直到學會。可惜第二年冬天離開瀋陽，算算有四十年未踏上冰場了。

眞的，那段日子是我們共同最懷念的青春歲月。冬天大雪紛飛中，他來學校接我進城，我們坐著馬車，路上罕有人跡，偶爾有一班汽車經過，在那天地一色，一望無際的雪地裡，一輛車子踽踽獨行，眞有「千山鳥飛絕，萬徑人蹤滅」的感覺。在春天，他送我回學校，我們步行而歸。由城裡到北陵，有一段長長垂揚路。柳樹發芽，遠遠望去一片濛濛霧般的新綠。我們攜手道上，講些不識愁滋味的夢話，折嫩柳做柳笛，渾然忘卻千里外正進行著硝煙血腥的戰爭。這暫短的快樂時光，像曇花一般一現，不久我們在圍城的炮聲中結婚離去。而歸來時卻是滿懷悵然嗟傷，遍歷人生滄桑的暮年人。

世事多變，人變了，瀋陽也變了。瀋陽在我眼中更像一個老態龍鍾的老婆婆，除了新建的建築物，觸目都是老舊暗灰的顏色。倒是車站的遼闊，鐵路如脈絡般縱橫在站內，以及鐵西區工廠煙囪林立，冒著濃濃蔽空的黑煙，讓我開了眼界。瀋陽不僅是東北交通運輸的總樞紐，鐵西區更是重工業的要地，北大營就在附近。由那濃黑的煤煙，可見空氣的污染。共黨政府只注重國家工業的生產，忽略人民的健康生命，是他們一貫的作風。

當車子緩緩離站，漸行漸遠，瀋陽將從我眼眸中消失時，我內心竟然充滿泫然欲泣的感覺。不知何時再能歸來？『再會吧，瀋陽！』

東北鄉村農家

從哈爾濱探親回來，遇到那些未能回去的老鄉，他們都會問：『東北鄉下的堡（音鋪）子裡，現在甚麼樣兒了？』對故鄉故土的懷念關懷之情溢於言表。

我生也晚，垂髫稚齡就遇上「九一八事變」，隨家人入關，輾轉到大後方，勝利後回家鄉兩年，僅是在瀋陽城的學校裡讀書，對東北鄉下沒有甚麼印象。

可是，在年紀大的同鄉記憶中，東北的鄉村是富饒的地方。

東北土地肥沃，地廣物博，森林、煤礦、大豆、高粱、小米和大麥等自然資源和農作物都很富庶。加上東北人勤奮，不畏墾荒的辛苦，白手成家的鄉下財主比比皆是。這些鄉下財主，用小說的詞兒描述是「騾馬成群，家大業大」。

東北鄉下地廣人稀，在記憶裡，「堡子」裡的人家都有個院子。院子裡有馬廐、羊欄，還有大車。我家院子裡有三四匹馬，都餵得高壯，毛皮光亮，羊欄裡綿羊成群，專請一個「羊官」照顧，每天放牧到村外野地吃草。那些圓嘟嘟可愛的小白羊，一出了羊欄，爭先恐後，

「奔跑」叫著往外奔。我們小孩子怕馬，馬會發「下馬威」踢人，綿羊很溫馴。我們騎上去拍拍牠，牠都乖乖地站著。由於院子大，還顧一個更（音ㄍㄥ）官，夜裡負責巡夜打更，白天坐守「炮臺」。對了，堡子的村口還有一座「炮臺」，是防「鬍子」來搶的。「鬍子」就是土匪。東北的「鬍子」是很有名氣的，所謂「盜也有道」，有的「鬍子」眞的是綠林好漢，他們的規矩很嚴，犯了規矩格殺勿論。他們的信條「搶富濟貧」「不傷老弱婦孺」。我家「更官」肚子裡裝了很多「綠林好漢」的故事，常講給我們聽。據說東北游擊英雄馬占山，和東北王張作霖都是「鬍子」出身呢！我們一群小蘿蔔頭爲了聽「更官」二大爺的故事，最喜歡到「炮臺」上玩。「炮臺」也許只有兩三層樓高，但是在我們小小孩童的眼中卻望之彌高，又是走懸空的梯子，每次二大爺都背一個提一個，把大夥運上炮臺。「欲窮千里目，更上一層樓」，「嘩！」一到炮臺上，從「炮臺眼」望出去，只見高粱地像綠海般無涯無岸。「鬍子」夜裡來了，沒有聽到馬蹄聲（鬍子都騎著馬做案）就能看到影兒了，……而現在，當然是不一樣嘍！

那天和丈夫回雙城堡他的老家鄉下，我們坐的是麵包小汽車。那些日子下雨，一進村子是泥濘不堪的鄉間路，車子搖搖晃晃掙扎著前進，村狗跟在後面吠，村童跟著車子跑，家家窄門狹院，頹牆舊屋，沒有騾馬羊群的影子，村口也沒有炮臺。問了很久，纔找到鄉下惟一的本家姪兒住處。兩間小瓦房，一個小院落，院子裡有一隻栓著的黑山羊，一隻大白鵝，昂首闊步的溜達。柴扉未關，我們進去好一會兒，姪兒夫婦纔騎了自行車由田間回來。他們是丈夫家族中惟一務農爲生的人。

丈夫家是蒙古籍旗人，前清的時候蒙皇上賜有龐大的田地。以坐收田賦爲生，算是大地主。共產黨來了，成了黑五類，田地充公，人下放。姪兒是青知下放到鄉間的，後來就自願留下做鄉間老農，吃一口與世無爭的平安飯。在政府搞活經濟政策下，日子過得比都市裡吃政府幹部飯的人還富裕些。只因他們仰仗這塊土地，自給自足之餘，略有積餘，不致過捉襟見肘的日子。

一進瓦房裡，看見四十多年未見到的「炕」，有電視機、電燈，還有燒煤的暖氣，冬天不必燒火爐或燒炕取暖了。瓦屋後面是一片菜園子。東北夏天的青菜多，我看到爬架的豇豆、茄子、小黃瓜，還有一畦畦的小白菜、蔥。後院窗下放著醬缸，養的雞就在園子裡徜徉覓食。女主人以煮蛋來招待客人，那雞蛋特別香嫩，是剛下的雞蛋哪！

臨走，女主人包了煮蛋和一罐「大醬」相贈，大醬是東北最普遍的調味佐餐品，與韓國的泡菜一樣，代表東北人的鄉土情。我拿著這罐醬，竟然有捧了「故鄉泥土」的感覺。

但是內心的感慨，卻是醬缸都裝不下的。東北的鄉村不一樣了，今與昔之比，彷彿昔日萬貫家產，被後代不肖子孫敗光，而眼前這一代正努力重整家園，邁向小康。

北方的年景

中國幅員遼闊，北接蘇聯，南至香港，東臨太平洋，西到喜瑪拉雅山。這一片遼闊壯觀的大地，佔了寒帶、溫帶、熱帶、亞熱帶。北方每到冬季雪花紛飛，冰雪封大地，氣候嚴寒。南方一年四季樹常綠，草常青，氣候溫和。北方人聽說南方一年四季如春，都讚一聲「好地方」，因爲他們冷怕了。南方人冬天一到，聽說北方降雪，還巴巴兒趕去賞雪看冰雕，只因南方人沒有見過雪花飄舞。

南北氣候不同，風俗習慣也有別。就以「過年」來說吧，北方的年景和南方的年景各有各的獨特風光。

中國南北地區向以黃河、長江兩流域爲界。黃河以北統稱北方，長江以南是南方。故都北平隸屬河北省。北平的年景是北方各地年景的代表。

記憶中，北方一到臘月，家家戶戶都開始忙年了。首先是「臘八粥」登場，吃了臘八粥，年的腳步漸漸近了。北平有一首兒歌把忙年過年的情形詮釋得清清楚楚：

小孩小孩你別哭，過了臘八就殺豬。

小孩小孩你別饞，過了臘八就是年。

臘八粥喝幾天，離離拉拉二十三。

二十三糖瓜黏，二十四掃房日，二十五凍豆腐，二十六去割肉，二十七殺公雞，二十八把麵發，二十九蒸饅頭，三十晚上接財神，大年初一拜過年，多給壓歲錢。

臘八粥吃完，一眨眼過小年的日子就到了。過小年是陰曆二十三，家鄉有諺語：『送信的臘八粥，要命的關東糖。』關東糖就是「糖瓜」，麥牙糖做的，二十三主要是祭灶，灶王爺和灶王奶奶在北方農業社會的家庭裡佔的是「一家之主」的地位，別看祂們兩位老人家被供在廚房，一年到頭受灶下油煙的燻嗆，還笑咪咪，卻掌握這一家的福祿大權。所以灶王神位兩旁的對聯是「上天言好事，下界保平安」。過小年的二十三是送灶王上天見玉皇大帝「述職」「告狀」的一天。據說家有惡婆或惡媳怕祂們兩位老人家在玉皇大帝面前數罪狀，就供了麥芽糖做的關東糖。祂們吃了黏住了嘴，有口難開，就不能搬弄是非啦！

祭完灶是一年一度的大掃除日子，除舊布新。臘月的北方天地間就是天然的大冰箱，把豆腐和豬肉，以及殺過的雞鴨放在外面，一夜的工夫就凍成如石頭般硬，永保新鮮。

到二十八發麵又是件大事。北方冬天冷。東西不易發酵。在北方發麵，不但要用誘使發酵的「麵引子」，還要把發麵盆上蓋上厚厚的小棉被，放在「熱炕頭上」。北方的「炕」是用磚和泥土砌成，有炕道和炕洞，可以燃燒豆桿和柴禾取暖。冬天每晚燒熱炕是件重要的事，炕燒熱了，不但一夜睡得溫暖，第二天一天餘熱不散。把發麵盆放在熱炕頭上，麵發得快，做出來的饅頭蒸得大是好兆頭，來年越過越發，財帛滾滾而來。

過年高潮時刻是三十晚上，貼完春聯，吃了年夜飯，就準備接財神。接財神是在午夜十二時，十二時一刻，各地鞭炮聲齊鳴，家家都開了大門接財神。接完財神全家吃餃子，這頓餃子叫「元寶」。餡兒也不同，有全肉餡，有紅棗餡，包一兩個古制錢的，誰吃到銅錢，來年會有意外之財的財運。

小孩子吃完元寶，還是興奮得睡不著，巴不得天快亮。天亮了給長輩拜年，壓歲錢就源源而來了。

這次回北京，和家人閒談問及故鄉年景依舊否？父親嘆口氣說：『有幾年缺穿少吃，有的親人下放北大荒、新疆等偏遠地區，往返不易，不能回來團聚，還過甚麼年呢？』

第三輯 外匯券的魅力

作者參觀頤和園內慈禧太后寢宮與宮女裝服務人員合影

外匯券的魅力

由香港到北平，飛機的行程是兩小時。時值夏日，北平實行夏令時間；時間比我們快一小時。飛機晚上七時半起飛，再加上誤點，在北平機場降落時間是當地的十時五十五分鐘。

下了飛機，走出空橋，立刻感到「景色」不同。第一、燈光黯淡。第二、機場大廈冷清。第三、機場大廈雖大，卻有老朽之感。另外滿眼所見都是簡體字，我們都成了外國人，還有他們稱北平爲「北京」了，我們這些回鄉的遊子成了「台胞」。

「台胞」享有特權，但也被視爲「肥羊」，是送上門的肥羊。我和外子先享受特權，在海關，三隻被稱爲聖誕禮物的大箱子，沒有開啓檢查輕易過關。出了機場，坐上預訂的旅館來迎接的巴士，就變成了「肥羊」。

在香港和大陸親人聯絡太晚，怕住處成問題，先託香港中旅社代訂「紫微賓館」房間。此館爲一流觀光旅館，非是有錢擺闊，而是大衆化的「友誼旅館」「華僑飯店」都告客滿，只好充闊佬先住進一流觀光大飯店，明擺著是兩隻「肥羊」。

肥羊上車，開車的小弟先言明，小費要美金或外匯劵，不要人民幣！

這輛麵包型的小巴士後來客滿，看樣子旅館很有賺頭。誰知小巴士一路做「深夜遊車河之旅」，奔駛在北京夜的路上，沿途放人，最後，才知道我和外子是惟一的一對肥羊，其餘的都是講好車資的「搭便車的黃魚客」。時間就是金錢，我們的時間成了小弟司機賺錢的外快，到達賓館是午夜後二時零五分。初來乍到，不懂此地情況，只有吃啞吧虧了。

但塞翁失馬，焉知非福？從另一個角度看：車子的遊車河之旅，穿梭在夜深人靜的北京街道上，我得以清楚的知曉現在北京的一些面貌。

北京地幅遼闊，他們正大搞建築，新開闢的大馬路又寬又長，車子筆直向前開，五六分鐘都不轉彎。

他們也做綠化工作，沿途所見一排排高大的路樹，一叢叢的矮灌木碧綠如茵。路旁豎著的牌子，上面寫著綠化口號：「綠化美化環境，增進健康」全是簡體字。

最出意料之外的，經過頂頂大名的「天安門」。古香古色宮殿式的天安門，和望不著邊的天安門廣場，在昏暗的路燈照耀下，有著霧裡看花的朦朧，但看出它的莊嚴。小弟司機驕傲的對我們說：「這個廣場能容納五萬人！」但想想當年小紅衛兵聚集在這裡高喊：「造反無罪！」的狂妄場面，會不寒而慄！

大陸是我的家鄉，是中國的領土，但凡是返鄉探親的人，一入大陸境內，彷彿到了另一個國度。首先遭遇的困擾是「幣制」：台胞要面對三種幣制：美金、外匯券、人民幣。這三種幣制之間還變化無窮，一元美金換多少外匯券，一元外匯券雖和人民幣等值，但也有官價、黑市之分。有的地方要人民幣，有的地方非外匯券莫辦。美金嘛，大都市的人視若瑰寶。鄉下佬的個體戶會說：「這美國錢怎麼花法呀，我可弄不清！」拒收。

怎麼能怪一輩子如井底之蛙的老鄉！連我這走南闖北，到過很多國家的人，也被三種錢幣的複雜關係搞的頭暈腦脹，幸虧我穿的裙子和長褲都有兩個口袋，左邊放外匯券、右邊放人民幣，美金放在皮包裡，要啥給啥。邊給邊口中唸唸有詞的幾比幾，因爲我要暗中換算成台幣，對他們的物價才有個概念。

去了幾天，我才知道如何去「花」這些錢！

譬如美金換外匯券，只有銀行觀光旅館的櫃台可辦。還有黑市交易，要找對人。

有的地方只接受外匯券的購買，如友誼商店、某些大飯店、計程車。

小市民、個體戶的生意人喜歡外匯券，不愛美金和人民幣。美金換起來麻煩，人民幣沒特權，惟有外匯券能到友誼商店去買市上不易買到的舶來貨。而外匯券對人民幣還有暗盤的市價，官價是一比一。暗中一比二，周瑜打黃蓋，一個願打一個願挨，誰也管不了。由此也可見當地政府限制人民權益的一般。

道高一尺，魔高一丈，政府限制得越厲害，民衆的欲望越高。欲望促使他們想點子辦法來謀取美金外匯，於是在友誼商店外、大飯店門口、機場大廈裡、外賓多的地方，常會看到很體面的年輕小夥子，悄悄湊到你身邊小聲問：「有美金港幣換嗎？有外匯券換嗎？價錢好。」因爲搭乘公車、參觀名勝古蹟的門票，都以人民幣計值。但私下買賣是犯法的，當心抓到了吃上官司，不能貪小便宜。

入境探俗，隔了四十年才回去，即使是出生地，一切都已今非昔比。僅就這三種幣值的價值觀，就要摸摸清楚。在探親行中，聽到一個老兵失算的事：某老兵帶回去一輩子省吃儉用的數十萬元，一進大陸就把所有的美金換成人民幣。他想反正大陸花人民幣，這些錢都是給兄弟姊妹的，換成人民幣理所當然。誰知道兄弟姊妹們看到的全是人民幣，都跺腳怪罪他：「爲什麼不給我們美金外匯券呢？」

中國民航機上

「飛鳥戀故林」人生雖如浮萍，心卻是有根的。樹高千丈，落葉歸根。離鄉在異地的人，離家愈久越想回家去看看，就在這樣的心情下，探親開放不久，我和外子決定回大陸一行。我們由香港進入大陸，在六月初一個晚上，我們搭乘七點三十分由香港飛往北平的飛機，飛機是中國民航機。

在香港乘中國民航機沒有空中陸橋，是坐機場巴士直奔中國民航的停機坪；遠遠的就看見幾架漆著藍字「中國民航」的飛機靜靜的停在傍晚的夜色中。看慣了國際航線大型的豪華客機，這幾架外表簡陋、機型不大的中國民航機，給我的感覺好像是玩具飛機，不由得有點擔心起來。

機艙也不很大。由扶梯進入機艙，大家各就各位，紛紛放置手提物。一位高個子老外開座位上面的行李箱放東西，如探囊取物，他的頭快碰到機艙的天花板了。雖然他的個子高了點，但也顯得中國民航機的矮小。

機艙內一排六個坐位，間距也很窄，座位簡單得有如我們的平快火車。

看機艙裡乘客衣著打扮，除了探親的老兵，和如我們這種少數歸鄉人，還有外國觀光客，以及「大陸同胞」。老兵自有他們拙樸的形象，外國的觀光客旅行時的衣著一向瀟灑：T恤、牛仔褲、球鞋。惟有「大陸同胞」在我的眼中有他們特別的「氣質」：顏色深暗，式樣缺少變化如制服型的衣著。男人西裝頭，剪得短短的。女的清湯掛麵髮型，不施脂粉，不戴飾物。他們的神態都漠然冷靜，還有那點拒人的矜持，我一旁座位上的兩男一女一看就知道是「大陸同胞」。由他們的言談中，我知道他們是教授和專家，是出國開會歸來。

後來才知道大陸同胞不是人人都能坐飛機的，尤其乘坐飛機出國回國，要有資格和身份，機票自然是報公費。普通百姓人，是機票都買不到的。

機上的空姐也樸素無華，灰藍色套裝，白襯衫，黑皮鞋。有的燙了頭髮，薄施脂粉，加上秀麗的長相，也有種清新的美，只是「土」味太濃了點。

可是，人不可貌相，別看小姑娘纖秀，又如鄉下姑娘。她們的服務態度不講究「微笑」「禮貌」「週到」的，做事乾脆利落。餐前一包大陸花生米，一紙杯冷飲，正餐一律雞肉飯盒。一位老外指手推車上啤酒要喝，空組說冷飲不可換啤酒，啤酒是「豪華客艙」的專利。空姐態度冷悍，老外光火，兩人吵起來。最後老外獲勝，爭得一罐啤酒。

操著有京片子味英語的空姐，大概不知道北平生意人傳統的商業禮貌是「花錢的是大爺」吧？

計程車司機的派頭

初到美國的中國人不會開車，不會坐公車，不會坐地下鐵，就成了沒腳的人。到大陸不會騎自行車，也有同樣的無奈。

大陸上的自行車陣鏡頭，我們在電視上早已看到。北平市的街頭，每天上下班時間都有這種車陣出現。在大陸上的大都市裡，無論男女，不會騎自己行車的人眞是「鳳毛麟角」。他們除非到很遠的地方去，才棄自行車坐公車。可是在人口衆多的北平，公車又擠、又慢、又顚。有一次小妹陪我坐公車，我被推上去，在車廂裡以金雞獨立的單腳支持到目的地，又被人群架下來，下車後還有騰雲駕霧的感覺。

擠公車太辛苦，想到「窮家富路」這句話，不必太自苦坐計程車吧。誰知坐計程車也不簡單，第一，車少。不像咱們台北，站在路旁招手即來。那天準備到頤和園逛逛，出了旅館大門站在路旁鵠候很久不見車影，偶而有一兩輛風馳電掣而過，空車都不停下來拉座。回去問櫃台小姐，小姐說：

「坐計程車，咱們這都是頭天訂下的，現在是旅遊旺季，計程車生意好著哪，我看您今兒晚上訂下，明兒再去吧！」

原來計程車也都是公營的，司機按月拿薪水，每天規定拉夠多少錢就可以下工休息。計程車資貴，當地人很少坐，生意清淡，計程車不多。自從開放觀光探親，計程車突然變成熱門生意，有包車制的辦法，包幾小時，這幾小時就是你的私家車，探親訪友、觀光名勝任君意，車子拉你到目的地後，找個地方停著等你。我們那天坐了包的計程車到頤和園，上午八點啓程，下午六點回旅館，共計外匯券九十六元。外加請司機先生和我們吃頓年飯，他還大方的要了一瓶青島啤酒。他說很多觀光客和台胞都很大方，請他吃飯還供酒，我們當然不好意思小氣嘍。

也有少數的私人計程車，他們稱爲「個體戶」。那天在王府井大街，意外的坐上輛「個體戶」計程車，司機鼻架墨鏡，腕套金錶，吸香煙不用「洋火」，掏出打火機，牛仔褲、絲襯衫。十足「小開」派頭。車上還掛了小飾物，裝著音響，播送的是台灣卅年代流行的老歌。

在大陸上，只要一聽我們是「台灣來的」，司機們都會打開話匣子和我們聊天，這位司機得意的告訴我們，他一個月可賺人民幣二千多元，大學教授才二百元上下人民幣。

我恍然大悟，難怪小妹說現在北平的青年，不願考大學，卻熱中去學開車。

形形色色的飯館

到北平探親，除了在家陪父母，和姐弟妹聊天敘舊道今，每天都在外各地遊覽。出門遭遇的困難除了搭車難，另外是「吃飯難」。

中國是個好吃的民族，講究的是食不厭精。加上北平是中國歷代的帝王之都，昔年從大內傳出來的美味佳餚不勝枚舉，更有那名傳百年的全聚德烤鴨，六必居的醬肉，更是膾炙人口，光復後都漂洋過海傳到台灣來了，以北方館為號召的飯店都有烤鴨、醬肉。

照說，講究吃，注重吃的都市，只要有錢，吃什麼都不成問題吧？

不然！到北平第二天，我們在館子裡請客，就遇上點啥沒洽掃興的事。

我們住的旅館是公營的招待所式的附設有餐廳。北平是首善之區，常有全國各地「單位」的宮兒來開各種會，多在此處下榻。因此餐廳很大衆化，供三餐：早上是清粥小菜，豆沙包花捲饅頭，中餐晚餐是客飯。請客也可以點菜。

那天我們請來看我們的弟妹，為了方便，就近在餐廳便飯小酌。丈夫素來是美食者。那天點菜，眼睛瞄著菜牌唸叨：「今天解解饞，多年沒有吃眞正的家鄉味啦！」

「清蒸黃魚。」

「今兒沒黃魚！」

「韮黃黃鱔。」

「現在韮黃還沒上市。」連點幾樣都缺貨，只有吃紅燒雞、青椒炒牛肉了。

到北平正是暑假期，也是觀光旺季。大小飯館都客滿。那天到一家觀光飯店，裡面裝潢不亞於西方的名店，有空調，有穿高叉紅緞旗袍的領抬小姐。坐定後點了菜，就被冷落在一邊。後來的一個桌子上的七八個客人倒先吃上了，聽口氣是香港來的觀光團。我問走過的一位領抬小姐——我們的菜爲什麼還沒上？她不客氣的回答：「沒看咱們正忙著哪！」「台胞，台胞有什麼稀奇，我們得慢慢來！只一轉眼工夫，這位小姐又和另一桌的兩個客人抬起槓來。

另一次親戚請在王府井大街的東來順吃飯，一進去煙霧騰騰，客人的香煙和廚房的油煙齊飄。只因是客人，不好意思挑剔。這家飯館大衆化，高朋滿坐，還有排隊等的。放下筷子就被服務小姐頂撞：「快點讓座，沒看有客人等著哪！」看來昔日的餐飲業美德已看不到。至於烤鴨如乾柴，醬肉似鹹肉，走出飯館不是口齒留香，而是心中忽忽若有所失。

北京百貨公司

雖是探親，附帶的也免不了各處觀光一番。

認識一個城市，莫過於逛街。要想知道一個城市人們生活的水準和品質，也莫過於看商店的櫥窗。所以到了北京後遊名勝看古蹟，也到北京的商業區——王府井大街，東單、西單各大街去瞧瞧逛逛。

現在全世界各國是經濟掛帥，經濟發達的國家，各行各業爲促銷商品不遺餘力。就以商店的百貨公司來說，他們的櫥窗隨著新產品換季，和大家的需要，而隨時變化，櫥窗設計也是一門學問，台北有幾家百貨公司更出現立體生活化的櫥窗設計，如夏天賣泳裝、海灘裝時，把海灘風光搬到櫥窗，模特兒穿了這些服裝，站在櫥窗內的沙灘上搔首弄姿一番。

但北京這個大陸首善之區，百貨公司沒有這一套。他們的櫥窗分「衣櫥式」，只掛幾件衣服樣子。有「櫃台式」，把貨品攤在玻璃櫥裡。有「堆物倉式」，亂七八糟放在貨物架上。有「積塵式」，生意不好，陳年舊貨賣不出去，只有讓它積滿灰塵了。就以北京最大的「北京百貨公司」來說，櫥窗只是聊備一格，積塵的貨品任意擺著，實在沒有看頭。

他們不重視櫥窗的宣傳力量，主要是貨品種類少，人民購買力弱。一進去是一個大統艙式的攤位場子。裡面有很多櫃台，櫃台後面是清一色的貨架。玻璃櫃台下擺著貨物樣品，顧客先看樣品，中意了，服務小姐再從貨架上拿，而且也不分類，賣襯衫的對面是賣兒童玩具的。賣女人時裝的，對面是賣蜜餞糕餅的。很像我們的國際學舍成衣百貨大拍賣。但看看價錢，當地人絕對買不起，一件好一點的襯衫要二十多元人民幣，工資六、七十元一個月的人能買嗎？華僑觀光客卻覺得質料太差了，於是無人問津，只好任灰塵污染了。

貨品不理想，售貨小姐的精神態度也使人生畏；大剌剌，惡聲惡氣，愛理不理，還有言語尖銳刺人，誰願花錢找氣受？北平是禮儀之城，講究「和氣生財」「買賣不成仁義在」。但北平變成了「北京」四十年來，這些敦厚的古風已找不到了。

但北京百貨公司卻日日人潮不斷，不是買東西，是看東西，只是逛逛。還有是進去吹冷氣，那幾天北京氣溫高達攝氏卅四五度，北京百貨公司有「空調」，進去吹吹冷氣，涼快涼快，是不花錢的享受。

船上的歌聲

我倚在船舷旁，眺望海天深處。

天氣晴朗，遠方有霧，如薄紗般圍罩著河面；矇矇朧朧。我想起「山在虛無縹緲間」的詩句，和那首：「香霧彌漫，香雲映掩，蓬萊仙島……。」的歌詞。

一輩子在陸地上打轉，從沒有在水域地區住過。那一年經過廣州，在珠江河上看到以船爲家的「蛋家」，日日夜夜伴著悠悠江水，不知生活艱苦的少女詩心，好生羨慕那浪漫又詩情畫意的生活。因此，當美麗邀請我們幾個好友，到廈門一遊，我的腦海中立刻浮現出悠悠江水上自由自在的水上人家。此去，一定再做一次水上過客。

到廈門第三天，美麗賢伉儷就帶領我們去遊「鼓浪嶼」。四面環水、風光秀美的鼓浪嶼是美麗的老家。大陸鐵幕深垂時代，她有家不能歸，直到前些年大陸開放才常回去。她和丈夫蔡先生是菲律賓華僑，在台北經營希爾頓飯店，現在又在廈門投資，常常往返中、菲、台三地。

到鼓浪嶼乘渡輪，機械操作的渡輪，和手持長篙把船划的舟船，是古老和現代兩種水上交通工具，有著迴然不同的情趣。船渡優閒寧靜，櫓聲欸乃，長篙撥水水聲潺潺。渡輪卻是乘風破浪，海風拂面衣袂飄飄，勾起千般豪情壯懷。

憑舷遠眺，左邊是薄霧中若隱若現的高樓聳立如筍的陸地，右邊是浩浩江水的廣袤大海。低首水面，渡輪破浪前行，激起浪花如千堆雪。我不禁低唱：「海風翻起白浪，浪花濺濕衣裳。……層層的後面，便是我的故鄉……。」立刻，同伴應聲合唱，輕柔優美的歌聲，在海上迴盪。

「現在，請大家看右邊，此刻這個位置離台灣的金門島最近。今天有霧，晴朗時可以很清楚的看到國民黨控制下的金門島。」渡輪上大概有當地的旅行團，有人用麥克風介紹，霎時，船上的人都湧向右舷，用船上供應的望遠鏡看那遠方雲霧中似有似無的金門島。

爲我們開車的司機先生笑著對我們說：「前些日子砲打台灣海上，金門島成了熱門地點，很多人來坐渡輪，是專程來看金門島的。」

「你們這邊轟轟烈烈，我們那邊卻是處變不驚。」小蘇也笑著說。

「你們是台灣來的？放心啦，不會打的，同胞嘛！」有個年輕人說。這席溫暖安慰的話，減輕了我們之間的陌生感。原來擠在船邊看金門島的人，都圍攏來看台灣來的人。大家自然而然的攀談起來，話題繞著台灣的生活水準、台灣淹腳目的錢聊著。羨慕的目光，話家常的親切，彷佛久違的老友。

「你們剛才唱的那首歌，在我們這邊也流行。」有位六十歲左右的老者說，「很多抗戰歌曲，我們都流行。」

我們幾個人眼睛為之一亮，異鄉竟然也有知音人，原來兩岸有共同的歌。

「我們也是，每年抗戰紀念日，我們還舉行抗戰歌曲公演，我們都是合唱團團員。」於是幾位年輕人在一旁慫恿說：「大家合唱吧！老先生，你帶頭，我們是男聲。」

喜歡唱歌的人，在這種場合，嗓子就癢起來，很難拒絕，老者扭捏了一番才引吭高歌。大家興起，一首首抗戰歌曲在渡輪上迴盪，吸引眾多遊客聽我們的歌：「我的家在東北松花江上」「嘉陵江的水」「我們都是神槍手」歌聲雄壯又嘹亮。

啊！此刻我心中的藩籬盡除，那隱藏在心底的警戒、忌諱、尷尬一掃而空，深深的體味出血濃於水的同胞情。

我環顧四周快樂的歌者：大陸的、台灣的、菲律賓的，雖然天涯海角，萍水相逢，但我們有共同的歷史篇章，有共患難過的民族遭遇，有共同的歌。不知道那些當政者會不會知道，在某年某月某日，一群海內外的同胞，同在一條船上唱著共同的歌。

布衣女裙釵

平常喜歡擦擦抹抹，戴點小首飾，女爲悅「己」而容，自己看著也開心。同時也是流風之染，君不見台北街頭多麗人，台北的女子出街都戴環佩飾，打扮得光鮮美麗。身爲女人怎麼不跟著流行走？

也因此，臨去大陸探親之前，探親歸來的朋友和子女們一再警告：「要樸素些！」小女兒說：「媽媽，把你身上那些眞眞假假的玩意兒褪下來，免得惹人注意。」所以我是粗服素臉，連隻戒指都沒戴進入大陸的。倒不是裝窮，而是入鄉隨俗，免得故舊親人以爲我在炫耀。

可是百聞不如親見，第一次看到我的小姪女，這個十八歲的小姑娘也很時髦，秀髮披肩，燙著大花捲的髮頂上綁著蝴蝶結、墊肩的洋裝、絲襪白皮鞋，與台灣都市的女孩相比毫不遜色。大弟只有一兒一女，兒子已大學畢業，在深圳一家電子工廠做廠長。這個女兒還在醫學院讀書，妹妹漂亮的時裝，都是哥哥在廣州買了寄回來的。

無獨有偶，第二天我看到一位更時髦的小姐。那天遠房本家領了他的大女兒來看我們，進了旅館房間就大方親熱的叫大爺、大娘（伯父、伯母之意），我幾乎懷疑回到了台北，只因眼前站著的小姐穿著露背裝！齊耳的短髮，黑底白花的衣料，更托襯得她那玉肩圓潤，膚如凝脂。只是當時在愕然下，沒有想到漂亮，只覺得這個小妞好大膽呀！在滿街土土的、單調的、保守的衣著婦女群中，她這種裝束，是需要很大的勇氣呢！後來，我才知道，她在影協工作，大概在影劇圈中耳濡目染，見怪不怪了。

的確，大陸一般婦女衣著打扮都很樸素，衣服式樣、質料，都像我們剛到台灣的樣子。年輕女孩和少婦最普遍的穿著是襯衫長褲，也有穿裙子的。她們多穿短襪套，不習慣穿襯裙，如果裙子的布料太薄，內在美畢露，兩條腿在裙子裡若隱若現，她們也不認爲不雅。老太太們多穿灰黑的唐裝，我的母親竟然穿了件已很舊的列寧裝！她說這是當年規定的統一服裝，還能穿，她老了，就將就著穿吧！

其實，照大陸上一般收入的比例來看，時裝是很貴的。我在菜市場的小攤子上，問一件粗製的洋裝，竟然要人民幣十幾元，商店一件繡花襯衫要二十多元人民幣。一個機關的小職員，一個月不過五、六十元的薪資，買一件像樣的襯衫，怕有半個月要勒緊肚皮喝西北風了。

聚少離多的婚姻

中國兩岸四十年的分割，不僅使兩方的生活有很大的差距，思想的不同，也造成許多婚姻悲劇。

大陸上有些人，當初因事業、職務渡海來台，妻子兒女未能隨行。誰知大陸倉促變色，關入鐵幕，從此兩地相隔音訊不通。這一隔是四十年的歲月，天上牛郎織女尚有一年一度的七夕鵲橋會，而這些海峽兩岸的夫妻卻錦書難托，無從慰相思。天長日久，生死未卜，相會無期，只有另結良緣以覓感情的寄托。異鄉成立了家庭，也有子女兒孫，只以爲終老異地，誰知卻在步入老年時，有了婚姻問題。

自從大陸探親開放，在大陸已有妻室的，或多或少都有些煩惱；苦守寒窖的「王寶釧」式的老妻，給異鄉已有「代戰夫人」的夫君增添的愧疚與不安，與安置處理的困擾自不待言。就是那改嫁的夫人也舊情難忘，如果有子女的，更是藕斷絲連了，上演了很多人間悲劇。

其實在大陸上，男女的婚姻問題也是多多。

有一天聽二弟說，他的一位同事出差哈爾濱一星期，要順便到瀋陽探望在那兒工作的妻子。由北京到瀋陽坐火車要一天一夜，夫妻兩人一年難得相會幾次。我聽了很奇怪，覺得夫妻二人常年相隔兩地難得一見，是不可思議的事。

「比這遠的還有呢！我們單位的一對夫妻，先生在北京，太太在四川重慶，一年只能見一、兩次面。」大弟說。

「不會請調嗎？或另找工作？」

「談何容易！這樣兩地相隔多年的夫妻太多了。」

知識份子下放，夫妻各奔東西，造成很多聚少離多的婚姻。譬如丈夫下放西北的新疆，妻子下放到東北的北大荒，一待就好幾年。

夫妻會少離多，相思變悲思，也有的成了怨偶。此次在北京見到一位表親，他和太太雖然一同來看我們好幾次，也在一塊吃過幾次飯，我總覺得他們貌合神離，太太沉默寡言。後來他們唯一的女兒透露，自從十多年前媽媽下放回來，和父親的感情就惡化了，爲了她才維持婚姻形式的。

倒是年輕的一代婚姻，他們躲過了政治的迫害，時代的風暴，這些年暫且能在安定的環境中享受婚姻的幸福。朝夕相聚，相扶相攜。

第四輯　夢幻之旅

作者遊雲南石林

探親行

政府開放觀光那年，我參加著作權人協會組成的「東南亞文化訪問團」初次出國開始，幾乎每年都出國；包括探親、開會、觀光。除了純觀光之旅，探親開會之餘也順便做觀光客看看異國風光，我的觀光見聞和經驗多多。

但記憶最深刻難忘，最傷心，最感慨的：莫過於去年的回鄉之旅。

自從政府開放探親，很多回鄉探親的人，除了看望親人，也順便做觀光客，到名勝古蹟，或著名的大都市走一走，我也是如此計劃。

去之前，我的心情複雜；因爲所要去的地方是自己少年時足履踏過的地方，又有親人故舊生活在那裡。只是近四十年的封閉，音訊隔絕，河山依舊否？故人無恙否？我眞的是歸心似箭。另一方面由於有很多比我早回去的朋友同事，回來述說他們親身經歷：貧窮落後，人性貪婪，統戰的熾熱；和諸多不便，我又有近鄉情怯的心情。我是懷著這兩種矛盾的心情，踏上我的回大陸探親之旅。

這次的回大陸探親之旅，也是我辦出國手續後靜等回音時間最長的一次。政府開放探親在七十六年十一月，我們在十二月就到紅十字會領了申請表格，把所須具備的資料準備齊全，送到有老交情（每次出國都託代辦安排行程）的旅行社。我們準備五月初去，估計半年後行程當無問題，經辦的年輕人，恭敬客氣，口口聲聲伯父伯母叫得親熱，更增加了我們的信心。忙著把回鄉的禮物打箱，金戒子包好，美金分好，萬事皆備，只欠東風，以高枕無憂的心情靜等旅行社通知就可以啓程了。

想不到左等右等，一個月過去了，兩個月過去了，第三個月依然沒動靜。我對丈夫嘀咕：「要不要去催一催？會不會有什麼問題？」丈夫去一趟旅行社回來，是一番鸚鵡學舌的話：「回鄉探親的人太多，香港簽證手續辦得慢，我們打電話過去催好幾次了，簽證出不來，我們也沒辦法！」是啊，沒有「臺胞證」是進不去大陸的。

那時正是回大陸探親熱潮的高潮期，半生浪跡異鄉的遊子都迫不及待的要回去看父母親人，這是正常現象，只有痴痴的等吧。

第二次去問，香港的簽證消息如石沉大海。第三次去問，經辦人口中的香港簽證遙遙無期。我怪木訥的丈夫不會「據理力爭」，讓旅行社的人看「扁」了，於是親自出馬。

這一去，看出了端倪：探親人多，香港簽證慢是原因之。但最重要的是，我和丈夫是

「純」探親，又是由香港直飛北京，沒賺頭，只好靠邊兒等啦！

開放到大陸探親，卻沒有開放到大陸觀光，但惟利是圖的旅行社，很多都已掛羊頭賣狗肉。組了團，以探親名義，陳倉暗渡連帶觀光啦。「觀光」才是他們業務的重點，探親附帶觀光的客人才是他們歡迎的。

當我在坐等遲遲不來的經辦人時，另一部門的一位小姐還拿出一些資料，討好的對我說：「這資料是不公開的喲，因爲你是熟客，所以才送你做參考。」我翻看那一疊資料，印刷精美，文圖並茂，旅程詳列，介紹詞堪稱文學傑作的宣傳單，最短的時期是由香港、深圳、廣州、桂林、上海，最長的可到北京西安，上面還註明中途可以自由脫隊。看看我身旁坐了一排忙著塡表格，操著臺語的「探親」觀光客，我這個直飛北京純探親的眞正天涯遊子只有乾著急的份。

在望眼欲穿中，簽證終於下來了，於是束裝啓程。

我們出外旅行，一向堅持「窮家富路」的原則；旅遊觀光的品質和花錢多少成正比例，花大錢住豪華舒適的觀光大飯店，如果花小錢只能住簡陋諸多不便的小旅館了。我們雖在香港只住兩夜三天（由臺北出發的飛機安排在當天下午四時），但不改原則，要求住觀光旅館，承辦人也一口答應沒問題。

到了香港，出了啓德機場隨團友們上了一輛大巴士。時已萬家燈火，把有東方明珠之譽的香港街道點綴得更璀璨耀目，巴士走在繁華的大街上，穿過一層層的霓虹燈陣，駛過一棟棟的高樓，看過好幾處觀光飯店的招牌，沿途也一路放人。原來這個團是回港的觀光團，我和丈夫是「搭便車的黃魚」。到最後只剩我們兩人，巴士由燈光通明的市區駛進只有路燈的郊區，在一條街上停下，導遊先生和領隊小姐把我們帶到巷內一棟公寓前。然後領我們登上二樓，有間如寫字間的玻璃門上，大書著紅字：「××旅館」。進去是一條長甬道，兩旁是一間一間開門可望見對面鄰居室內情景的房間，房間內一張雙人床居中佔了整個房間，電視機高懸壁上，洗手間是站浴，彎腰都能碰到頭。我一看傻了眼，立刻抗議要求換住處，履行住觀光旅館的條件。香港雖然以寸土寸金，住處狹窄聞名，但寬敞的觀光飯店總有吧？誰知道這位先生和小姐聽了我的要求，立刻把笑臉換成冷面孔，用觀光旅館都客滿搪塞，還說：「要不信自己去找找看！」明擺著一幅放鴿子的嘴臉。我們初來乍到，人生地不熟，既不會講廣東話，又不願意驚動朋友，只好息事寧人，啞吧吃黃連，暫時落難小旅館。後來知道，旅行社與這家館館是生意上的伙伴，一些放單的旅客都送到這裡被耍冤大頭，所得費用平分而互惠！

到北京後，和家人敘了親情，準備回丈夫的原籍哈爾濱看他的弟妹，我也想順便回到瀋陽母校東北大學看看。但一探聽交通工具「火車緊張」「飛機緊張」一票難求，我們停留在大陸的日子不多，只好縮小範圍逛逛北京城內的故宮、頤和園、和城外八達嶺的長城，及十三陵了。

其實市區內的交通也「緊張」；公車班班擠得像沙丁魚，有時擠得必須「金雞獨立」單腳站立。兩個已不年輕的人擠上擠下，加上「獨足」立功的一折騰，到了目的地已累得精疲力竭，沒有精神和興趣去觀光遊玩。

後來大弟建議我們包計程車，因為向大弟服務單位借了車，請司機先生吃飯，加上給賞錢，還欠一份人情。北京的計程車是公營的，很少有個體戶開車的，又採包車制，一次包幾小時。或一個上午，一個下午，照時間長短計價。由於索價高，當地人很少坐，都是外賓和觀光客坐。有兩天我們包了計程車出遊，方便是方便，像擁有了一輛私家車和司機，很是「拉風」。但由上午八時到下午四時，索價人民幣九十八元，還要外匯券。我的小妹在一個水利工程機關任職，一個月才一百元人民幣哪！最讓我們哭笑不得的，第二天雇的計程車司機，吃中飯時要求和我們共餐。丈夫大方的一口應允，當然是請他了。點菜的時候，丈夫客氣的問他吃什麼，他毫不客氣的點了佳餚，還要了青島啤酒，看得我和丈夫面面相覷，大概他看探親的觀光客都是冤大頭的闊佬。

我們花了兩天時間去了故宮、頤和園、長城、十三陵。每到一處都是走馬觀花，蜻蜓點水式的到此一遊。因爲每到一處都是人擠人，頤和園的長廊擠得水洩不通，我們走到一半就退回來了。在臺北旅行社裡拿的宣傳資料，上面寫的美麗的大陸風光，和名勝古蹟的壯麗都沒有得到印證，只看到擠來擠去的遊人。在頤和園我親眼看到一群美國老先生老太太由一輛遊覽車上下來，站在人群中觀望了一會，又搖頭失望的上了原車。

這些年出國，無論探親旅遊開會，我都是快快樂樂的出國，高高興興的回來。惟有這次探親觀光，除了歷經不曾有的氣惱，還帶回來滿腔的傷心和感慨。有好長一段時間夜夜魂夢回故鄉，又和親人相聚，醒來卻空惆悵。

夢幻之旅

今年六月間我回了一趟大陸探親。

我不說是返鄉探親，是因爲我並沒有回到我的家鄉遼寧鐵嶺，而是到北平看我的父母和姐弟妹們相見。我的父母在對日抗戰勝利後第三年，被內戰所逼，攜弟妹們又離開東北，直到現在散居關內。

由大陸回來已四個月，每一思及這趟大陸探親之行，彷彿如夢幻一般，我一直有著做了一場傷心夢的感覺。

歸心似箭

我原本不想回去的，想想有四十年了都沒有回去過，日子也過了。並不是我鐵石心腸，而是剛到臺灣那種刻骨銘心的思家之情，已被綿長的歲月沖淡。尤其人過中年後離鄉愈久，心境愈蒼涼，偶而想起他們，只有生死兩茫茫的感覺。後來由在美國讀書的兒子和外公聯絡上了，雖然驚喜他們都健在，但想到有朝一日能回故鄉，眞的還近鄉情怯呢！少小離鄉，而今我已鏡裡朱顏改，親人不知什麼樣了？會不會見面不相識，笑問客從何處來？

可是探親開放後，周圍的人一波一波的回去。友朋之間談及探親事，得知我這「外省郎」的高齡父母仍健在，異口同聲的責備中帶慫恿：「怎麼不回去看看？不回去你將來會後悔，那麼大的年紀了，難得啊！說不定倆老就等著再見你一面呢！」大弟的信上也不止一次的說：「回來看看吧，爹媽年事已高，已是風中殘燭……。」就是這些親情的招喚，勾起我的歸心。

於是我投身探親熱潮中：辦手續，買禮物，隨時探聽那些探親回來友人的「回鄉觀感」。那時正値探親高潮，旅行社耍大牌，在一次一次電話催促中，引頸企盼久久，香港簽證才下來。到了香港，又被旅行社耍了大頭，花觀光旅館的錢，住三流小客店。因爲只住兩宿，懶得和他們計較，委屈將就。由於這家小店進出投宿的都是探親老兵，得以見到形形色色探親老兵的群相，那一張張塵滿面、髮如霜的臉，有企盼、有喜悅、有哀傷、有黯然、有惶然不安。將去的人，未卜前途如何，親人如何，自然流露出忐忑心情。而那些歸來的人，因家人的遭遇不同，有不同的感觸。但多數心情黯然沉重，唏噓感慨。有位歸來的老兵坐在小客店的櫃臺、大廳內，向同是天涯淪落人的老兵訴說回鄉點滴往事，說到傷心處掩面悲泣，使我這旁觀者有「已老莫還鄉，還鄉痛斷腸」的傷感。

這次回大陸，計劃到北平看了父母弟妹，再隨外子返鄉。他是吉林雙城人，我們是烽火鴛鴦，在瀋陽圍城時舉行婚禮，婚後到臺灣來，一直沒有機會回故里拜祖先。他的父母雖早已過世，但還有一位弟弟，探弟掃墓是他這個長子的心願。然後再隨大姐回昆明，大姐和姐夫一直住在昆明。我雖是東北人。但髫齡離鄉，抗戰時跟家人隨戰局的變化遷徙大江南北，昆明是我呆得最久的地方。而雲南也是我成長的地方，由小學到高中，那兒有我童年少年的足跡，山川景物依舊否？舊識同學無恙否？還有那些埋在記憶深處的往事，都牽引著我的心，我渴望重遊舊地尋舊友。

遺憾簽證耽擱了時間，我們在大陸停留的時間不多。到了北平，又獲悉大陸各地火車票、飛機票「緊張」，誤點是家常便飯。大陸幅員遼闊，我們不敢南北奔波只有在北平探親了。

少小離家老大回

我到臺灣時剛廿歲出頭，是結婚未及半載的新嫁娘。當時只爲暫躲戰亂鋒頭，放下學業，匆匆結婚，和丈夫渡海來臺，做夢也沒想到海峽兩岸後來成了幽明相隔的局面，我和家人斷了音訊，有鄉不能歸，做了半生的異鄉客。

在未回去探親之前，每讀到賀知章的回鄉偶書詩：「少小離家老大回，響音無改鬢毛衰；

兒童相見不相識，笑問客從何處來？」只覺得是自己的寫照。回去後再讀這首詩，才體會到少小離家老大回的蒼涼寂寞，世事多變。

我離家時，姐弟們都是青春年少，英氣風發的孩子和年輕人。小妹垂髫繞床騎竹馬，父母剛邁進中年。他們留在我腦海裡的形貌，還是我離開家的樣子。可是四十年回去重相見，我眞好像做了一場「呂伯大夢」般，他們全變了樣兒，只能從輪廓中去追尋昔日的面貌。長髮披肩的大姐，已是華髮老婦。英氣勃勃的大弟，塵滿面，沉默寡言。頑皮的小弟蛻變成沉穩的中年人。小妹已是一位幹練的主婦和職業婦女。

時間改變了人的形貌，環境的煉獄塑改了人性；昔日豪邁、嚴肅果斷的父親，變成了懦弱畏縮的小老頭，眼前只求溫飽，隨遇而安。快九十高齡的母親，神智已迷亂，活在自己幻想的世界裡，她清醒時對我說的全是我們兄妹孩提時的瑣碎。

而我和他們相對時的感覺，旣親切又陌生。親切的是我們擁有共同的父母家庭。陌生的，我和他們有近四十年的斷層距離。當他們對我談斷層時代他們遭遇浩劫的辛酸，沒有淚，沒有嘆息，如白頭宮女訴說宮中往事，娓娓平靜道來。我凝神靜聽，猶如聽天方夜譚的故事。眞的，人到最傷心的時候，反而淚不輕彈了，而我的內心只有我自己感到錐心的心痛。

尤其在敘舊時，我由弟弟口中知道父親當初原想遠走臺灣。在榆關時的老長官，已代爲買妥飛港的機票，希望父親攜眷追隨。但在人心惶惶的亂局下，對方埋伏在機關裡的地下工作者，已放出甜餌，鼓其簧舌慰留，說要借重老工程師的經驗為國家建設，父親半生奔波在流亡道上，已厭倦離鄉背井的生活。父親更有個天眞的想法：同是中國人，不會相煎何太極吧？於是打消離意！這一念之差，決定了我們全家的命運；四人幫的批鬥，文化大革命的凌辱，知識分子下放的苦難，都一一嘗遍。這命運的播弄，只能無語問蒼天！

在北平的那些日子最快樂的事，莫過於闔家團聚在一起憶往論昔，以及談兩岸中國人生活情形。大弟說：「二姐，這是咱們家四十年來第一次大團圓！」的確，為了生活、遭遇，我們一家人星散各地。父母和三個弟弟散居北平各地，小妹在天津，四弟在洛陽，大姐在昆明，幾年都難得相見。這次因為我回來，都向服務單位請了假，趕來北平相見。四十年一見，人生有幾個四十年呢？而我下次的歸期難卜，此次的親人團聚，更是彌足珍惜。

景物全非

由於改變行程，在北平呆的日子多出來，有時間四處走走觀光觀光，對今日的北平做較深的認識。

我雖然沒有在北平久住過，但四十年前有兩次到過北平。一次是稚齡時隨家人由關外到內地，路過北平，住了兩夜，詳細情形早淡忘，只記得在大街上慢騰騰移動的駱駝隊。一次是勝利後到北平考大學，在東皇城根的親戚家住了半個月，對北平那種特殊的敦厚人情味，和別樹一格的民風印象深刻。

譬如北平的商家，一向講究「童叟無欺」、「買賣不成仁義在」的商業道德。無論老少，進了他們的寶號，打簾子（開門之意），點煙奉茶看座，奉爲上賓，享足了化錢是大爺的譜兒。即使你不買，也不會「惡顏」相對，恭送如儀。

北平人一向講究悠閒從容的生活情趣，深巷里弄的胡同裡的四合院，住著天棚、石榴、肥狗胖丫頭的人家，主人閒暇時的消遣是聽戲、下棋、種花、逗鳥、養金魚。

北平風味的特殊零食也是盛名遠播，如春天的菱角，夏天的涼糕涼粉，秋天的糠炒栗子，冬天的冰糖芾蘆，賽梨甜的蘿蔔，還有「驢打滾」、「尖餅果子」。

如今這些故鄉風光與人情已漸消失式微；商店的古風盡失，昔日訓練有素的男店員「夥計」，被伶牙俐齒的店員代替，在營業時間內圍在一堆閒聊天，對上門的顧客不理不睬，要不就是懶洋洋的應付。因爲商店都是「國營」的，不注重業績，只拿乾薪。

胡同裡雅緻的四合院，而今都成了破敗髒亂的大雜院，一個院子裡住了好幾戶人家。大門十九敞開著，裡面風光一覽無遺。舊家具、炊器散放在牆角，院子晾著被子衣服。看得出日子過得很拮据。但求溫飽，沒有能力，也沒有閒情逸致去經營生活中的情趣。

北平話的京片子，被公認爲是最悅耳好聽的語言，因此北平的市聲也有如歌的調子，如：「半空見（帶殼的花生），脆嘍！」「蘿蔔賽梨，甜哪！」但現在這些市聲在大街小巷中已沉寂，是否傳統的北平民間零食也絕跡了？因爲四十年不同的社會制度，不允許「個體戶」的生意人存在。

青山依舊在

近水樓臺，我們也到故宮走馬觀花遊覽一番，到頤和園小遊半日，到長城上走一趟。

中共搞的經濟建設，由開放參觀古蹟中可以看出來。旅遊業被現代人視爲無煙囪工業，以上三處歷史悠久的地方，都是大陸招攬觀光客的搖錢樹。故宮的遼闊，三大殿的巍峨。頤和園的華麗，山明水秀。長城工程的偉大艱巨。在在表現出古老中國的地大物博，文化的瑰麗精深，不僅吸引國內大批遊客，許多外國觀光客也慕名而來。

這些地方都經過整修後才開放的。美中不足的是，只有那不易摧毀的建築物展示它那獨特的風貌，代表帝王時代豪華的物質，和藝術的珍品已不多見。如故宮，很多宮殿有的裡面空盪盪，有的宮門深鎖。扒著窗子往裡瞧瞧，只有桌椅床榻，古玩擺設都不見。聽說紅衛兵破四舊時，把宮裡一些外國進貢的奇異珍物，也如敝屣般毀壞丟棄，說那是資本主義者的玩物。而頤和園雖然粉飾一新，但望去總有老婦抹粉的感覺，掩不住被曾遺忘疏忽的痕跡，可見古蹟的維護不是一朝一夕的事。

在北平這段的長城，是八達嶺段，坐汽車需一小時。在去長城途中，看到北平郊區農村景色，是一片荒涼的塞外風光，人煙少，田地也很少，黃塵滾滾。雖然是夏季，農作物只有小麥，據司機說土質灌溉都成問題，而近幾年連續乾旱，灌溉的圳道和水庫都乾涸了。和臺灣相對照，臺灣眞是得天獨厚的沃土，一年四季欣欣向榮。然而大地對人類是很公平的；一分耕耘一分收穫，沒有努力去耕耘，沃土上長的是莠草不是麥子。而瘠地以現在人類的智慧和科技的昌明，也會變成沃土，只看我們如何面對大地。臺灣的農業發達，不是上天憑空賜與，也是經過我們四十年的流汗努力耕耘。如何保護我們既有的收穫，和讓它永遠豐沛我們的人生，這是我去長城途中的感觸。這感觸在回來後，變成杞憂。只因國內「自力救濟」成了風氣，很多人不顧全民整體利益。而全民整體的利益，是需要我們每個人犧牲小我去追求的。

長城也經過了一番整容，城磚和城垛上的路都換了水泥磚。青山依舊在，站在城上望向塞外，一望無際的莽莽叢林，長城依山勢蜿蜒伸向遠方，往西是嘉峪關，往東是山海關，群山寂寂，一片荒巒，遙想在那個一切科技闕如的時代，多少人犧牲生命於寸磚寸土中，得以完成這條舉世嘆賞的萬里長城。而今只是供人來憑弔而已，不僅肅然起敬，也有著世事滄桑之感。

回來這些日子，每一思及和家人相聚的那二十多天的點點滴滴，彷彿如夢幻一般。昔日青年今老去，相對只有話淒涼，豈僅是滄桑之感？在北平機場和大弟初見，我沒有落淚。踏進已高齡的父母家我沒有落淚。深夜靜聽諸姐弟妹黑暗時代的遭遇，我沒有落淚。我不是沒有淚，我只是怕，不忍心在他們面前落淚，不敢在他們面前落淚。我帶了滿腔的熱淚回到香港，一踏進旅館房間，我撲倒在床上。淚，像開了閘的河水流著，流著……。

一江春水向東流

近鄉情怯

「中國民航」飛機在啓德機場起飛了，由機窗俯瞰香港的山巔水涯，火柴盒般的高樓漸漸遠去，漸漸縮小，深深的吁口氣，幾天的焦慮等待消失，但心頭隨即又升起近鄉情怯的不安。

四十年，快半個世紀的歲月，當年來台灣時我還是不知愁的小婦人，蜜月剛過，隨著丈夫滿懷對新環境的憧憬來到寶島。只以爲大陸台灣相隔一條海峽，輪船一個星期的海程，飛機一個小時即可通往來，思家念起，隨時回去省親不成問題。誰知悠悠四十年歲月流走，在這漫長的歲月裡，我常繫念家人故舊無恙否？故國景物依舊否？兩岸音訊渺茫，欲問無從問。只以爲此生終老異鄉，而今突然能返鄉探親，物是人非，故舊凋零，姐弟見面恐難相識，怎不近鄉情怯呢？

「中國民航」是國際線的飛機，空中小姐發的餐前飲料，一律桔子水一罐、甜花生米一包，倒也簡單省事。餐盒是清一色的雞肉飯、點心派、沙拉菜；咖啡紅茶隨意。這些東西品質較其他西方國家的國際路線都差很多，相比之下，有粗茶淡飯的風味。

空中小姐裝束也很樸素，我懷疑大陸上主政者都偏愛灰色系列，空中小姐的制服是淺藍略帶灰色的套裝，白襯衫，剪裁也不怎麼合身，有濃重的軍服味，她們不施脂粉，一頭的清湯掛麵髮型，減去了女孩子的嫵媚。

機上的客人也鮮有西裝革履的紳士，和配金戴玉的富婆。當時我很慶幸，聽信探親歸來的熟人告誡，要入鄉隨俗，不要打扮得太花俏，太富相。所以我服裝簡便褪去飾物，沒化粧，一反素日愛美的裝扮。

下了飛機，取了行李，到海關前等候檢查，才知道「台胞」有優待關卡，不必檢查行李，我大喜過望。只因爲我帶了四隻大皮箱，外子和我各又揹了個旅行袋，都呈飽和狀態，如果一翻動，定會蓋不上箱蓋，成了張著嘴的大蛤蟆。所以一聽驗關人口操純正的京片子：「您哪，請吧！」立刻推著行李往裡走，回頭看看後面，這個關口的旅客，人人像大搬家，大箱小包，推的揹的，滿載而來。想到台北有人形容回大陸探親的人是「聖誕老公公」，其實聖誕老公公的禮物只包括慈愛的善心，而我們這些回鄉的聖誕老公太，滿箱的禮物都是濃濃的親情之愛啊！

一擲百金的豪客

飛機抵達北平時已午夜二十二時五十四分，出了機場大廈眞是夜深沉，機場大廈燈光又黯淡，環境透著荒涼。來接機的大弟解釋，北平不興夜生活，機場離市區又太遠，只有公車可搭，不易借到車子，所以只有他一人單槍匹馬來接機。

「早先有海外親人回來的，只要向服務單位一報，不但准假，還派車子給用。現在不成了，只准假，不易借到車子，來的太多啦，不吃香嘍！」

是啊，北平是中國古代的帝王之都，不僅探親的台胞抱著要來見識見識的心願，自從大陸政府實行開放政策，外國的觀光客更是絡繹於途。物以稀爲貴，我等既然沒有搭上頭等的探親列車，又非要人名人，不是統戰對象，受的待遇自然是「不理不睬」了。

還好，恐怕夜深和大弟聯絡不上，我們在香港也委託了中國旅行社代訂了旅館，館址在市郊外的紫薇賓館，觀光級的，一天港幣二百六十元。賓館派一輛小旅行車來接機，上車後陸續又有客人上來，幾已客滿。車子馳騁在北京深夜的街道上，把客人一個個送到目的地。至此我才恍然，這些乘客都是搭便車的黃魚，我和外子是賓館僅有兩位正式客人，司機趁機賺外快，大陸很流行。

紫薇賓館設備不輸世界級的觀光飯店，套房、餐廳、電梯、酒廊、營業情況不錯，看來都是外國的觀光客住，我們在櫃台上換外匯劵時，就聽見一群香港來的觀光客大講廣東話。

住了一宿，第二天我們搬到市區裡另一家普通旅館。雖然不若賓館豪華，但卻很乾淨舒服，是家類似招待所的旅社，住的客人多是全國各地上京來開會出差的大小官兒，沒有門路還住不進來呢，是大弟用了點「關係」給訂的。

其實大弟沒有幫忙預定這家旅館，我也要另搬地方，賓館一宿合人民幣一百三十元，是二弟一個月的薪水，我們如住下來。在他們眼中成一擲百金的豪富，面對一直過著貧困生活的弟妹，我有罪惡感。

蓬門中拜見爹娘

到北平第二天，我就在城內一處蓬門敝戶裡拜見了四十年未見面的雙親大人。

中共統治大陸四十年，疏於建設，再加上文化大革命時，紅衛兵的破壞，北京舊城內多是頹塌傾圮的老宅舊屋。父親在鐵道部退休，住的是部屬的公家宿舍，爲舊式的公寓住宅，大環境不錯，一片大院子有上百戶的員工居住。院子裡有花壇、綠樹、曲徑小道，每家都用心經營自己門前那些不要本錢，只要土和水的植物，倒也使得這個大院子裡綠蔭處處，花紅柳綠。但往綠蔭深處細看，發現每家都是蓬門敝戶，僅堪溫飽。

父親住的房子按官級分配，不算小，廚廁外另有三個大房間，前後有院子，是一棟公寓的樓下。但其破舊失修的外貌，和室內舊桌朽椅，老床破被，看著有老境淒涼之感。尤其看那舊沙發，破椅子，油漆剝落的桌子，書架上的書觸手可化爲紙屑片片落，和床下塞著捨不得丟的舊物，我傷心落淚，曾衝動的自責，也責弟妹們沒有好好照顧兩老。後來才知道，兩老固執成性，我寄的錢一文不用存起來。父親的退休金用不完，點滴歸箱。東西不買新的，洗衣機、冰箱一概不用，只有一部小小的黑白電視機。三餐簡單，請的阿姨（女傭）多吃一碗飯都心痛，常常換阿姨，使大弟很頭痛，因爲兩老獨居，需人照料。但兩老的想法是：「今天活著，不知明天怎麼樣，抗戰到現在沒過一天好日子，也活過來了，現在臨到這麼大歲數再多花錢是暴殄天物，不如把錢省下來，等我們百年後分給你們，你們的日子也會過得好些！」眞是天下父母心，可憐可氣又可哀！

不過大陸上的人窮怕了是事實；他們吃最簡單的，穿最便宜的，出門遠處搭公車，近處騎自行車，沒有娛樂消遣的生活，家裡如有彩視、冰箱、洗衣機就沾沾自喜了。他們把錢看得特別重，賺十個只花五個，能省則省。人人的想法是：「現在的日子好過多了，趁著能掙倆個錢時，能攢就攢些，誰知道將來會有什麼變化。」中共時時變化的政策，使人民沒有安全感。

在父母家吃的第一餐飯是豬肉餡餅，剪雞子兒（雞蛋），紅燒肉，肚片兒湯。

在廚房裡，阿姨悄悄告訴我，這是從過年後吃得最豐富的一頓飯。

母親高齡八十九，快九十歲的老人，神智時清時糊塗。大弟對我說，當大弟告訴她我回來了，平常呆滯的神態突然消失、展顏而笑。可是那天從我進門，她一直用陌生的，怯怯的眼光看我。我喊一聲：「媽！我回來了！」她沒有反應，我也沒有「擁著她痛哭」，我拉著她的手，並排坐在床沿上。我撫摩她的手，把她額前的一縷頭髮撥開，仔細端詳我的老媽媽；只有輪廓依稀可尋，那白晰的皮膚，剪水的鳳目，都已消失，如墨漆的黑髮已是一絡絡的灰白枯草，坐在我面前的不是四十年前依然有風韻的中年婦人。而是個乾枯、瘦小、雞皮鶴髮的小老太太。她和嬰兒般，溫順的任我撫摩她，端詳她。

「我們一直以爲你不在了。」這是她對我說的第一句話。

老人忌諱講「死」字，她還記著我，我忍回奪眶欲出的淚。

四方姐弟妹相聚

記得小時候在家時，每當我們姐弟因細故起爭執，母親就數落：「吵吧！吵吧！現在在一塊兒吵，將來驢朝東馬朝西，面都見不到。」這句話不幸言中。

在動亂時代，親人相守不易，大姐遠在雲南昆明，路途遙遠，幾年難得回北平一次。四弟一家在洛陽，也很少北上。在北京的只有大弟二弟和在西苑的三弟，天津的小妹，我回去，是件大事，各路親人紛紛趕來北京，最感人的是大姐和姐夫，由昆明坐了三天三夜的火車才到北京。

大姐和我相差四歲，她考上大學時，我還是初中生。那時家住安寧，我們各自住校。她的學校在西城，我的學校在東城的拓東路，每星期六她由學校走路來看我，送衣服，買零食，把她的零用錢塞給我，我們手足情深。勝利後全家復員回東北老家，她已結婚，隨姐夫住在曲靖。我們路過曲靖住了一宿，第二天她和姐夫送我們上車。車開得早，晨霧濃，他們相擁立在濃霧中，車漸行漸遠，他們消失在霧中。那是我們倆最後一次會面，我十八歲。而這次再相見，我們都是兒女比我們當年還大的老婦了。

三弟工作的機械廠和住家都在西苑，夫妻倆每天下班下課騎兩小時的單車和和我們相聚。四弟和四弟妹由洛陽趕來。小妹向服務單位請了假，把上學的孩子推給妹夫管，自己先由天津趕來。

差堪告慰的，他們都有合意的工作，生活還過得去。感慨良深的，兄妹見面多不相識，歲月催人老，我離大陸時大姐是個少婦，大弟是十四五歲的楞小子，四弟是野馬般整天不見影兒的頑童，小妹是小鳥依人的小可愛。而今都脫胎換骨，舊時容顏無從尋了。他們還說我鄉音已改，滿口廣東腔的國語。大弟苦笑說：

「如果走在大街上，迎面走過來，我一定認不出是二姐。」

「少小離鄉老大回，鄉音無改鬢毛衰，兒童相見不相識，笑問客從何處來？」這首詩活脫的是我歸鄉的寫照。

在北平的那些日子裡，最高興快樂的事，莫過於和姐弟妹們閒談。有時在父母家，有時在大弟家，有時在我住的旅館裡，每天晚上都聊到夜深。談海峽兩岸的情形，談兒時共識親友的遭遇和滄桑，談他們那段黑暗時代—文化大革命，紅衛兵造反，知識份子下放的諸般浩劫，我們欷歔一陣黯然一陣。談到他們被迫害的情形，我怯怯的問，我的海外關係是給他們帶來噩運的原因嗎？

「二姐，關於這一點你放心，決沒有的事，只是大哥有一年有個機會派到俄國考察學習，單位調出人事檔案，發現二姐這層關係，沒讓去，就這一點而已！」個性豪爽的四弟打著哈哈。

是就「這一點」嗎？與其說我不願去追問，毋寧說我不敢追問，我怕追問下去，自己罪惡更深！

這次在我決定回鄉之前，他們像約好了一般，信上異口同聲的說：「不要帶東西，我們都不缺，不必害怕，我們都很好，只盼你回來就好。」而每當我追問他們現在生活上有困難否？他們都說：「這些你都不要管，我們希望你這次高高興興回來，快快樂樂的回去。」

爲了珍惜這份久違的親情，我打消了東北之行，雲南之旅，只在北平駐留，享受父母的鍾愛，兄妹的手足情份。

在我這一生中，從沒有如此被重視過，我如在夢中被簇擁著、寵愛著。我去時帶了四隻大箱子，原本計劃原箱留下，回程只帶各人的小手提袋回來。誰知道回來時，四隻大箱子更滿更重，裡面裝的大弟一家送的手工藝品、二弟的傘、三弟的蜜餞、四弟的酒和洛陽仿造的唐三彩的駿馬、小妹的天津「天麻花」，大姐千里迢迢由雲南帶來的普洱茶、雲南香煙、雲南白藥，還有……對了還有他們的情誼，還有我的傷悲。

「問君能有幾多愁，恰似一江春水向東流。」我的愁像春水般揮刀嶄不斷！在香港，我淚灑旅榻，回台北，有很久，我夜夜夢回故國又見家人！……。

再見花城

步下飛機，遼闊空曠的機場上陣陣的涼風，吹得衣袂飄飄。

「四季無寒暑，一雨變成冬」，氣候怡人的雲南，沒有酷暑的盛夏，沒有冰天雪地的嚴冬，四季如春，季季繁花不斷，昆明有一「花城」之稱。忍著盈眶的淚，在心底呼喚著：「昆明，我回來了！」

睽別四十年又回到昆明，是想看看落戶昆明的大姐一家子，認識一下從未謀面的她的子女們。看看昔日的山河景物依舊否？同窗故人無恙否？重溫一次少年的情懷。在這個花城裡，我曾度過求學時代快樂的歲月。

紅顏老去添華髮

在機場外和大姐一家人見面，除了姐夫，他們的子女和我都如不相識的陌生人。一群年輕人一字排開，像迎接貴賓般的架式，他們對著我親熱的喊著「二姨兒」。大姐一一介紹，一時悲從中來，摟著我啜泣不已。很少落淚的我，淚水竟然也豐富起來，親人見面竟然不相識，是刻骨銘心的感慨，淚水是忍不住的流。

大姐的四個孩子都已結婚，加上他們的另一半，剛開始我謹慎的配對兒。有幾次我私下悄悄問大姐：「大丫頭的愛人是那一位呀？」或「老么的媳婦是不是那個高個兒？」生怕「亂點鴛鴦譜」而鬧笑話。有時冷眼看他們爲招待我熱情的忙碌著，不禁憶起賀知章的「回鄉偶書」：

「少小離家老大回，鄉音無改鬢毛催。兒童相見不相識，笑問客從何處來？」不正是我現在的寫照嗎？

昔日夢痕無覓處

站在大姐家五樓的陽台上，極目搜尋昔已風光，卻沒有似曾相識的感覺，大姐卻指著馬路那邊說：「那座樓房就是你讀過的峨嵋中學。」順著大姐指的方向看去，在一片綠樹叢中，露著一角灰樓。

灰樓，寬敞的馬路，茂密的行道樹，樓下這條拓東路有我三年初中歲月裡數不清的足跡履痕。但現在路旁的一草一木都已非舊時貌。昔日古樸、古意盎然的校舍也被灰樓代替了。

初中時讀這所峨岷中學，那時家在安寧，宿舍客滿，我借住在北門一位親戚家，每天由節孝巷沿著正義路進護國路，穿過大理石牌坊的護國門，進入金碧路，才到拓東路。每天上學放學風雨無阻，每次要走一個小時的路，卻是樂此不疲。只因我愛那光滑漂亮的石板路，愛那大理石潔白雕刻精緻的牌坊，我更愛那巍峨藍漆上寫著金字的牌樓，一邊寫著「金馬」，一邊寫著「碧雞」。這座金馬碧雞坊在金碧路上已聳立近百年，但據說在文化大革命時卻毀在紅衛兵的手中，代表中國民族文化藝術的古蹟就如此消失。

峨岷中學校址是借「迤西會館」的館址，會館佔地很大，極富中國傳統風味的庭園建築。當時我們學校借住一部份，另一較大部份借給西南聯合大學的工學院，兩校有一個月洞門可以互通往來。

西南聯大是抗戰時大後方最有名氣的學校，是當時萬千學子仰慕，人人想讀的大學。它是由北平的北京、清華及天津的南開三所大學所組成的流亡大學，雖然在戰亂物質貧乏的生活環境中，仍然弦歌不輟，文風很盛。近在咫尺、近水樓台，聯大很多學生在我們學校兼課。得到良師的教誨，又參加他們學校課外活動：如聽名家演講，欣賞他們社團詩歌朗誦，話劇演出，多彩多姿的學校生活，開拓了心靈的視野。至今記得一位劉北汜老師，是吉林省人，當時是位年輕的作家，教我們國文，介紹我們讀了很多三十年代作家的作品。並曾請聯大的教授，名詩人靳以、李廣田到我們學校演講，讓當時年幼的我，就得窺中國新文學的堂奧，大概那時就有一顆寫作的種子埋進我的理想中。

而今拓東路上的石板路換掉，是現代化的柏油馬路。迤西會館拆去，原址蓋了高樓。我癡癡望著那片林蔭深處，思維在昔日時光裡浮沉，但也油然生出「昔日少年江湖老」的悵然。

往事歷歷憶親情

走出候機室，站在停機坪旁等候登機。

靠近候機室有花壇、花圃，那迎風搖擺的花花草草，把眼前點綴得春光明媚，雖然不是春天季節。

昆明可稱是西南的重鎮，但這兒的機場很簡陋，沒有現代化的候機室，沒有空橋的設備，我問身邊送行的大姐這座機場的名稱。大姐鄭重的告訴我：「這就是咱們爹修的巫家壩飛機場呀！」

一剎時我又走入時光隧道。

抗戰後期，戰事節節不利，中原戰場頻頻失守，海岸運輸線也被敵人封鎖，大後方對國外交通全倚仗空運；由昆明要飛越駝峰才到緬甸，經香港到印度加爾各答。後期時代盟軍加入協助作戰，軍事機場卻付闕如。重慶頻遭轟炸，又是山城，於是當時的軍事委員會決定在昆明附近擇地，修建一座軍事機場。工作人員全部調用修築滇緬鐵路的原班人馬，父親負責巫家壩飛機場的第一工區工作。這個機場修畢後，美國陳納德將軍的飛虎十四航空隊常川駐紮，除了協助前方作戰，也負責轟炸敵人後方本土一帶。那時還沒有空中加油站的科技，由昆明到日本是當時最短的航程。

當時戰火急迫，機場日夜趕工，工人分三批制。雲南鄉鎮沒有電燈設備，夜裡工地點燃著上百臺的煤油燈，照得如同白晝。父親很少回家，但我們父女卻常見面。

我的學校在拓東路，巫家壩在東門外，父親進城公幹或開會，順路來看我，有時中午帶我出來吃頓飯打打牙祭。有幾次遇上週末，還約我去看電影，週末下午沒課的我樂得有人請看電影。當初我很納悶，一向不看電影的父親，何以在百忙中和我去看電影。後來發現進了電影院一開演他就鼾聲起去夢周公了。我問他為何一進電影院就睡覺，白買票嘛。他說：「太累了，每天睡眠只有三四小時，趁著等公事下來，偷空到電影院睡一會兒，比旅館便宜，咱們父女也可以聚一聚。」

機場完工時，家已搬到桃源鎮（今稱跑馬廳），桃源鎮離巫家壩很近。當第一批飛機起後經過桃源上空，那天是星期日早上，我們全家都爭相跑出來，仰首翹望藍天下的閃閃發光的機群。我聽到父親喃喃的自問：「這批飛機不知是到日本呢？還是到前線？」我回頭看看父親：微白的頭髮、風霜滿臉，倦容中有安慰的笑意，那年他才四十六歲。

父親前年逝於北京，當年負起捍衛國土的巫家壩飛機場也功成身退。現在的巫家壩飛機場，不再是當年那座只有塔台，無邊荒涼的機場。而是一座負起另一個任務，花木扶疏，美麗如花園的運輸機場。眺望那遼闊、無盡頭的跑道，眼前浮現父親那疲憊但安慰的笑容，我吸一口氣，憋住湧上眼眸的淚，告訴自己：「老兵不死，他的奉獻精神永在。」

飛機起飛，遠了。飛機下的山川遠了，那個城市的親情遠了。只以爲這趟懷舊之旅，應該是充滿重溫親情的喜悅，重履故地的親切。但離開時，我卻懷著「傷情舊事驚歸夢」，載著滿腔相見不如不見的離愁告別「花城」！

種一株花樹

小麵包車出了北京城，一路頂著灼陽走進昌平縣。

車在崎嶇的鄉道上顛得像跳「曼波」，沒有空調的車裡熱得好似蒸籠。

看看車窗外，觸目是塵土飛揚的黃土路，斑剝的黃土屋，沒有一絲綠意的黃土荒地。站在路旁、坐在牆根不是穿著襤褸，滿身蒙了一層黃塵的村人，他們那呆滯木然的眼神看著我們一路走過來。而我，恍惚有走進三十年代逃亡鏡頭的錯覺。

到昌平來是給父母掃墓，墓在昌平鄉下一個墓園裡。

都說大陸經濟搞活，看樣子鄉村還是窮得很。倒是死了的人沾著光了，墓園在半山腰，由山下仰看，立著的墓碑高高低低像一山碑林。

「聽說從前人死後不准土埋要火葬是吧？前年我和你姊夫回哈爾濱到鄉下掃祖墳，只有一座墓碑，墳的影兒都沒有，說是文化大革命時都被鏟平了。」我邊往山上爬邊問大弟。

「那種數典忘祖，違背人性的做法是行不通的。中國人幾千年都慎終追遠，連墳墓都找不到像話嗎?現在好了,開放後不但允許土葬,也撥地建墓園,讓探親的人有墳墓可掃,沒有祖墳,親人故舊又失散,回來幹啥?現在的官兒聰明得很,僑資也是搞活經濟的來源,你看,這滿山的墓地修得多漂亮,都是海外親人出的錢。」大弟打開話匣子滔滔說出這片墓園的興建史。

我仔細打量沿途所經過的地方,的確,那一座座的墳園,都像小人國的別墅,院牆門洞景然,越向高處越華麗。

父母的墳園也經營得很體面,雖然只幾坪,但矮牆迴廊,水泥柱的門上還塑了兩只圓型的水泥燈。站在水泥門前俯瞰下望視野遼闊,遠山近樹村舍人家,北京的皇城琉璃瓦屋頂掩映在群樹間隱隱約約。

「二姊,你看著還滿意吧?」三弟和我並排站著,指前指後得意的說:「這塊地我和大哥找了很久,背山面水,風水好!」

「北京還有風水先生嗎?」我轉首看一眼這個我家當年的激進分子,反對舊教條,反對迷信,於今卻信起風水來。人經過太多無奈和災難,自己掌握不了的坎坷命運,就會變得迷信吧?小時就畫得一手工筆畫的三弟,立志要做建築師,卻去搞了航空地勤,去年提早退休。

「早先是不興那玩意兒,活人都顧不了,誰還顧死人!近幾年大家夥生活寬裕了,有了墓地，又熱中看風水了。現在風水先生是有錢的個體戶嘍！人哪，擰不過命，只有托風水改運了。」三弟說完還「嘿！嘿！」的乾笑了兩聲。

「二姐，你記得不？奶奶臨死前還叮嚀爹要找塊背山面水的山腰埋葬她？」大弟望著遠方，若有所思的說。

抗戰勝利前一年，祖母死在雲南，我記得坐落在桃源鎮半山腰祖母的墓地，花了一筆不小數目的錢，還是父親向開酒精廠的同學借的。風水先生說那是一塊龍穴，保佑後世子孫大富大貴。

我極目遠方，努力的想看清楚「面水」的那條河，終於看到遠方叢林內有條若隱若現的小溪河，在艷陽下閃著粼粼的水光。

「滿意，挺幽靜的，正合爹意。看著滿山的墓碑，這塊地的風水一定不錯，說不定是龍穴呢。」我笑說。

「希望是，咱們張家也該翻翻身了。」三弟也笑了。文革弟弟們失學失業，再加上承傳了父親的耿介，都是那時代的失意人。

「風水好的地方不好找，價錢也高，能葬在這裡的除了有海外關係的、高幹、個體戶的家人外，尋常人家是沾不了邊的。要不是二姐寄錢來，我們幾個湊錢都買不起。」大弟嘆了口氣。

拈香，拜祭，照了像，我們都坐在墓園的矮牆上，好像陪著墓中的爹媽坐著。

我游目四野；藍天如緞，遠山似黛，群樹蒼翠，世界眞美好。這個半山腰讓我滿意的，其實不是弟弟所說的「風水」，而是風景。我不知道是否人有死後的世界，但我仍然願意相信父母地下有知；父母窮困顚躓了大半生，現在可以遠離塵世諸多的煩惱苦痛，隱居在此，晨迎朝暾，晚送夕照，晴眺遠山白雲，雨觀山霧迷濛，過著寧靜的歲月了。

我不相信「風水」的原因，也是因爲祖母葬的龍穴對父親沒有影響；我第一次回去他已八十九歲，和母親相依爲命住在鐵道部配給的一幢老朽的宿舍裡。那種寒傖凄涼，和子女星散各地的孤獨，讓我回到旅館伏在床上嚎啕大哭。

唯一和「貴」字沾上邊的，是他在古稀之年依然以被重視的「顧問」身分，常被鐵道部請去參與重要決策；死後骨灰供寄在北京的八寶山國家公墓這兩件殊榮。但「享」這樣殊榮的待遇，不是因爲他是「高幹」，而是他一生奉獻工程界。

父親由學校畢業後，在瀋陽鐵路局由實習生做起，而北寧鐵路、隴海鐵路、粵漢鐵路、湘桂鐵路。抗戰時深入滇省西蠻荒之區測修滇緬鐵路，勝秉後回東北任職中長鐵路。是資深經驗豐富老工程師，後來在鐵道部的路政司長任內退休。父親在文化大革命時也沒有逃過下放、挑糞、掃牛棚、和子女劃清界線等種種折磨。他能活到九十歲，在見到我最後一面才去世，我深知是靠他那樂觀堅強的生命觀。我還是年少不識愁滋味時，常聽他對總懷杞人之憂的母親說：「你這樣愁風愁雨不盡，不是自尋煩惱嗎？你怎麼看不到高興的事呢？」的確，父親熱愛世上諸般美好的事物，對人生從不失望，在絕望時仍有尋求希望的勇氣。

習習山風吹散了灼日的炎熱，紙灰飛揚，香煙繚繞，那籃紙花也隨著山風顫動。

「爹喜歡花，我們應該從山下帶束鮮花來。」紙花是在山根下墓地管理處買的，沒有鮮花。

「鮮花？賣的少，也挺貴的，有這個就成了。」兩兄弟對這紙花倒很滿意。

由半山腰俯瞰遠方，大陸北方的山野還是很肥沃的，茂密的樹木掩蓋了來時的黃土村莊。尤其北京的綠化做得不錯，如果植一株開花的樹在墳前，父親該更高興……坐在墳前遐想，感覺與父親母親正親密的坐看風景，父母的音容笑貌在眼前晃動，那在山風裡抖動的紙花也幻變成牡丹、海棠、芙蓉。我彷彿看到父親彎著腰，微笑著欣賞他手植的花，眼神裡流露著慈父般的愛意。

記得小時候家裡住在獨棟的四合院，沿著正房窗前走廊上是一排的盆花，那是父親公餘之暇的成績。花兒盛開時，他會抽空搬張籐椅，端杯茶，坐在花前相看兩不厭好半天。

父親愛花愛得很痴迷，愛花喜種花，一盆盆花都是父親親手播種看它們發芽、冒綠葉、抽條兒、吐花蕊、展花顏、怒放燦爛，就像呵護嬰兒成長般付出心血。

父親的花是不准人碰的，只能用眼眸去欣賞。父親的花也被他寵得很嬌嫩；怕大太陽晒，怕驟雨打，怕秋霜欺，怕冬雪虐，總見他爲花辛苦爲花忙。在北方老家每到冬天，偌大的堂屋變成了花房。爲此母親還砸過父親的花盆。

後來在戰亂的歲月中生活顚沛，父親工作調職頻繁，常年不在家。我家也搬遷頻仍，家裡少了種花人，好多年看不到花影花姿。

但在記憶裡，即使日子最窮困時，他的小書桌上總有一盆花。雖然都是雞冠花、鳳仙草之類的廉價花。但那美麗生意盎然的花朵，給灰暗蕭條的陋室增添了幾許色彩和生氣，黯淡的心情也開朗起來。

記得第一次回北京是陽春三月，北方的花有信，三月正是杜鵑將開季節，父親臥室靠院子的窗台上擺了一盆剛開了一朵的杜鵑。那天下午只有我和父親母親在家，我們聊著大陸台灣的瑣瑣碎碎，溫暖的春陽斜斜射進窗口，照得那朵艷紅的杜鵑特別亮麗，父親忽然問我：

「台灣有杜鵑花嗎？」

「有啊，台灣氣候暖，一年四季都有花開，我的後院還種了幾株杜鵑，我來的時候開得正茂盛著呢！」不知爲什麼，我忽然順口哼起：「淡淡的三月天，杜鵑花開在小河邊——。」

父親眼睛突然一亮：

「昆明的杜鵑花開得也早；這條歌是你讀初中時常唱的嘛。」父親微笑的說。

我也吃驚父親的記性好，更奇怪對我們兄妹一向不苟言笑，嚴父型的父親竟然會聽到我唱歌，那時他連最喜歡的京戲都不去看了。只記得母親只要聽我唱歌，就皺眉呵責：

「女孩子家，整天哼哼咧咧的，沒個正經樣子！」

一隻白蝴蝶翩翩而來，在紙花前繞了一圈又飛走了，想必是紙花沒有香味也沒有花粉可採吧？

「爹在下放時還種花嗎？」看那隻白蝶越飛越遠，我突然問三弟。

正坐著歇腿，吸著香煙的三弟愣了一下，隨即會過意來：

「種！那年他在五七幹校掃牛棚，冬天我去送棉褲，在牛棚的棚頂上我看到一盆小小的臘梅，只開三五朵花，他還問家裡院子中的花大概都凍死了。就是在他老病纏身的日子裡，還撐著養了好幾盆花。人精神好些就蹲著翻土剪枝，花大概是解人意，開得很茂盛。」

「媽呢？還是不理睬爹的花？」我想母親爲了花和父親鬥氣的事，笑著問。

「老樣子，咱們媽一向是不喜歡花的，可是很奇怪，爹去世後，媽倒寶貝起爹的那些花了，每天不忘澆水，花活了一陣子，後來慢慢都死光了。可能是媽不諳花性：怕花枯死，水澆得太多澇死了。」三弟閒話家常的笑著形容兩老對花的感情。

我聽了心酸酸地，我知道父親死後，獨居寂寞的母親勤澆花的心情：是對花思人，對父親有著歉疚，和深沈的思念。

而我，從回北京第二天看到父母凄涼的景況，就決心要把父母接到台灣來小住，讓他們在溫暖如春的寶島，在我那後院享受「小園煙草接鄰家，桑柘陰陰一徑斜。臥讀陶詩未終卷，又乘微雨去種花」的晚年蒔花田園的生活。

然而，風燭中殘年的生命是脆弱的，兩老在一年內先後去世，我的孝心成了永不能實現的心意！

日影西斜，柱香已盡，我們起身下山。雖是人天相隔，但仍然依依。回首翹望漸行漸遠的父母安息地，我想的是下次來要攜一株會開花的樹苗種在墓前。

鮑曉暉寫作年表

一九二六年　民國十五年農曆九月二十二日生於遼寧省鐵嶺縣。
一九三一年　九一八事變，年底隨家人入關到山西太原，父爲工程師，任職正太鐵路。
一九三二年　夏，入山西太原小學就讀。
一九三四年　父調職黃河水利委員會，隨家人搬遷至河南開封，入開封省立第四小學。
一九三七年　是年對日抗戰開始，開封遭敵機轟炸。父調職湘桂鐵路，全家南遷，赴鄭州；過漢口，至衡陽到桂林。入桂林東門小學，首次負責編班級壁報。
一九三九年　父調職滇緬鐵路，全家由安南（即越南）入滇。抵昆明，住裕通客棧。日機瘋狂轟炸大後方，昆明被炸，死傷慘重，滇緬鐵路工作人員眷屬均遷往祥雲縣。滇緬鐵路員工子弟小學成立，入校繼續就讀，開始讀中國古典文學。
一九四〇年　入祥雲縣中學就讀，得李慰蒼老師賞識，課餘管理圖書館。近水樓台，遍讀中外文學作品，爲接觸翻譯作品之始。並讀五四新文學運動後的作品，得知新月派作家、左聯作家。及讀館內珍藏的小說月報、東方雜誌、西風雜誌等，而引發對文學的興趣，鋪下後來走向寫作之路。

一九四二年　轉瀰渡扶輪中學，扶輪中學爲斜昆鐵路所辦員工子弟中學，教職員均聘自西南聯大畢業高材生。

一九四三年　英日宣戰，戰局移緬甸。父時在滇西邊界工作，因惠通橋被炸，遠走八莫臘戍，失蹤二月餘，後越大雪山回祥雲。不久，我遠征軍仁克仁安羌，救出被圍之英緬軍七千餘人。

一九四四年　入昆明建國中學，學校後遷往桃源鎮避日機轟炸，蔣主席號召知識青年從軍，有「十萬青年十萬軍，一滴汽油一滴血」之語，男同學有半數自願投入救國的行列中。是年，西南聯大教授名作家沈從文來校兼課，開「新文藝理論」，因而又進一步入窺文學殿堂。

一九四五年　八月十四日，日本無條件投降。入昆明峨岷中學，主編全校壁報，並演話劇。西南聯大工學院爲鄰，學校老師均爲該校學生兼任。

一九四六年　入昆明市立高中，寫十四行「念故鄉」投掃蕩報副刊刊登，爲第一篇文學作品發表。是年高中畢業。回北平參加全國大專第一次聯招。落榜，回家鄉瀋陽考中正大學、遼東學院、東北大學，均錄取，後入東北大學。

一九四八年　內戰，東北戰局不利，瀋陽被圍，結婚，倉促來台。

一九四九年　住嘉義，諸兒出生，相夫教子。

一九六〇年　遷台北，入水利局任公職。

一九六四年　開始寫作，首篇作品發表於大華晚報，第二篇發表於中央副刊。

一九六五年　應徵信新聞（即中國時報）家庭生活版主編名作家畢璞女士之邀，參加寫「主婦隨筆」專欄，每週一篇，並開始爲國語日報寫稿。

一九六八年　十二指腸潰瘍開刀住院，息筆。

一九七〇年　重新提筆再出發。「美麗寶島」一文選入省政文藝佳作叢書。

一九七一年　水利局遷往台中，到台中上班。

一九七二年　參加中國婦女寫作協會。「異鄉‧鄉情」選入省政文藝佳作叢書。參加中國文藝協會。

一九七三年　請調台北規劃總隊，開始寫電視劇「菠菜風波」在台視星期劇院演出，爲第一次劇本演出。爲大華晚報寫「南窗下」專欄，後寫「燈下漫談」專欄。「寄海外友人書」選入省政文藝作叢書。

一九七四年　應聘國軍新文藝散文隊研究員。
一九七五年　爲台灣日報寫「感情的故事」專欄，家庭月刊寫「菜場巡禮」專欄。
一九七六年　由工作崗位退休。爲美國發行世界日報寫短篇小說，爲青年戰士報家庭版寫「灶邊小語」專欄。
一九七七年　十二月，第一本小說「愛到深處無怨尤」由龍風出版社出版。
一九七八年　「愛到深處無怨尤」再版。短篇小說「世外桃源」入選省政小說創作獎。
一九七九年　六月，第一本散文「異鄉鄉情」由正統出版公司出版。「小屋歲月」選入「當代中國新文學大系」。
一九八一年　「異鄉鄉情」由新聞局選爲第五批優良創作讀物。「山是一本書」、「走在瞻仰大道上」選入國軍散文隊林錫嘉主編之「與寄煙霞」散文集。
一九八〇年　「主婦心聲」選入中副散文選集。
「陽關故人」、「搬家」、「回鄉」選入金文出版公司張建華女士主編之「當代名家散文選集」。
一九八二年　「美麗寶島」散文集由新生報社出版。
「永恒的友情」散文集由堯舜出版社出版。

「人間愛晚晴」小品文集由采風出版出版。

得台灣省第五次文化建設小說獎首獎。寫國語日報少年版專欄「童年往事」。

一九八三年　在台灣新生報開始寫「聒聒集」專欄。

一九八四年　十月隨團到漢城參加第四屆中韓作家會議。台灣日報開始寫「打開天窗」專欄。

一九八五年　獲教育部文藝創作獎。

一九八七年　獲台灣省新聞處小說獎。「故鄉水」由道聲出版社出版。

一九八八年　獲觀光局觀光文藝報導獎（第四屆）。

一九九〇年　「童年往事」由國語日報出版。當選婦女寫作協會理事。

一九九一年　獲觀光局第六屆觀光文藝報導獎。參加世界女記者作家協會台灣分會爲會員。

獲中央日報文學獎第二名（第一名從缺）

獲青年日報文學獎第二名（小說類）

一九九二年　應聘國語日報蕙質媽媽班寫作課老師。獲省新聞處「鄉土之美」散文獎。

一九九三年　小說「寂寞沙洲冷」由黎明出版社出版。雜文「女人的知心話」由海飛麗出版社出版。當選爲台北市文藝協會理事。加入「中國作家協會」。

一九九四年　應聘爲台北文藝協會小說班老師。

一九九五年　再應聘國語日報蕙質媽媽班散文寫作班老師。「深情回眸」由三民書局出版。當選爲「中國作家協會」理事。

一九九六年　應瀋陽故宮專物院之邀九月到瀋陽參加故宮專物院建院七十週年大會，並到吉林哈爾濱訪問。

一九九七年　應聘爲台北文藝協會寫作函授班老師。由七月到九月，爲期三個月。應聘爲台北市立道藩圖書館讀書會寫作班老師，由四月到六月。八月，文友合唱團到大陸蘭州演唱，並遊瀋陽、大連、青島。

一九九八年　三月出版第十五本著作「種一株花樹」，由黎明出版公司出版。七月聘爲台北文藝協會寫作函授班老師，爲期三個月。

一九九九年　七月第十六本著作「奶爸時代」由九歌健行出版社出版
七月第十七本著作少年讀物「烽火歲月」由富春出版有限公司出版
七月應聘爲台北文藝協會寫作函授班老師，爲期三個月。

二〇〇〇年　三月當選爲中國作家協會理事（連任）四月文友組團「江南遊」經上海、南京、杭州、揚州、蘇州、無錫。

二〇〇一年　四月當選爲中國婦女寫作協會理事（連任）

六月第十八本著作「留金歲月」由三民書局出版。

六月第十九本著作「長城根下騎駱駝」由文史哲出版公司出版。

「烽火歲月」選爲年度少年優良讀物。